Cómo
PREPARAR Y PREDICAR
MEJORES
SERMONES

Consejos para convertir una predicación
COMÚN en EXTRAORDINARIA

RIGOBERTO GÁLVEZ

Editorial CLIE
www.clie.es

EDITORIAL CLIE
C/ Ferrocarril, 8
08232 VILADECAVALLS
(Barcelona) ESPAÑA
E-mail: clie@clie.es
http://www.clie.es

Cómo preparar y predicar mejores sermones
ISBN: 978-84-17620-42-4
Depósito Legal: B 7486·2020
Ministerios cristianos
Predicación
Referencia: 225123

Datos biográficos

Rigoberto M. Gálvez Alvarado es licenciado en Teología por la Universidad Mariano Gálvez de Guatemala. El Dr. Gálvez posee una Maestría en Dirección de Medios de Comunicación, Máster en Ciencias (MSc), de la Universidad Panamericana; posee un Doctorado académico en Teología (Ph.D.), por la Universidad Panamericana de Guatemala y un Doctorado en Divinidades Honoris Causa otorgado por el Sweet Water Bible College, Phoenix, Arizona. Ha sido catedrático de Teología Sistemática en la Universidad Mariano Gálvez, ha formado parte de ternas examinadoras en el área de humanidades en la Universidad del Valle, Universidad Panamericana, Universidad Mariano Gálvez. Actualmente es Rector del Seminario Bíblico Teológico de Guatemala (SETEGUA) y forma parte del consejo doctoral de CONSELA (Consorcio de Seminarios de Latinoamérica).

En el área espiritual y ministerial el Dr. Gálvez conoció al Señor Jesucristo en Diciembre de 1980 y comenzó a servir en la obra en diferentes áreas. En el Ministerio sirve a tiempo completo desde 1987 hasta la fecha. Es Pastor ordenado, docente, escritor, comunicador, forma parte del equipo pastoral de Iglesia de Jesucristo Familia de Dios. Está casado y tiene dos hijas.

ÍNDICE GENERAL

Tercera Parte
Cómo ser un predicador extraordinario

AGRADECIMIENTOS

A todos los que me han apoyado de alguna manera para que este libro sea una realidad.

A mi hermoso y dulce Señor que tuvo misericordia de mí, pecador: Jesucristo, que es el fundamento de toda predicación y por quien recibimos el ministerio de la Palabra.

ACLARACIÓN

Este libro concibe dos propósitos. El primero, es dar consejos y normas de orden práctico para convertir sermones comunes en extraordinarios. El segundo, es parecido: dar consejos para que los predicadores aprendan cómo elaborar y predicar mejores sermones. Sobre elaborar y predicar sermones de forma tradicional hay suficientes tratados, libros y manuales.

Estos consejos surgen de la preocupación pastoral y teológica de la crisis que estamos viviendo en los púlpitos contemporáneos. Al analizar muchos sermones que están a disposición en diversos medios, descubro que hay una diversidad de cepas bacterianas que han estado matando a la predicación de la iglesia: la frialdad, la abstracción, el entretenimiento, el espectáculo, el legalismo, el moralismo, el sensacionalismo, las falsas enseñanzas, el academicismo desabrido, etc.

Es por ello que decidí escribir sobre un tema fundamental para la iglesia como lo es la predicación. Afortunadamente no lo escribí antes, sino ahora que llevo cuatro décadas de predicación continua, y con un poco más de experiencia. No me escapé de cometer los errores de un predicador novato, intermedio y avanzado. Sigo aprendiendo. Pero puedo decir, por la gracia de Dios, que ahora conozco la diferencia entre un sermón común y uno extraordinario.

En la introducción planteo una serie de preguntas que intento responder a lo largo de este libro de teología práctica, por medio de recomendaciones y ejemplos, con el fin de probar que es posible convertir nuestros sermones comunes en extraordinarios.

¿Existen reglas para predicar sermones poderosos?

¿Cuáles son los recursos que utilizan los grandes predicadores?

¿Por qué hay sermones tan malos en contenido, pero son atractivos para los oyentes?

¿Qué hacen los buenos predicadores para transformar sermones aburridos en sermones destacados?

¿Por qué algunos sermones resultan tediosos, y hasta torturadores, y otros no?

¿Cómo se predica un sermón inolvidable?

¿Cómo lograr que un sermón deje una huella profunda en el oyente?

¿Por qué la mayoría de sermones los olvidan los oyentes?

Estas preguntas no las responden la mayoría de manuales de Homilética. Tampoco se encuentran las respuestas en blogs de predicadores en internet, ni en libros de sermones manufacturados a la carrera, con solo bosquejos esqueléticos y deficiencia muscular o en tratados que contienen abundante y completa información, que, en la mayoría de los casos, cuesta asimilar.

Entonces ¿Cómo descubrir el secreto para transformar sermones comunes y aburridos en sermones extraordinarios? ¿Cómo elaborarlos?

De esto se trata en este escrito.

Buena parte de este libro es el resultado de estudiar concienzudamente Homilética, Exégesis, Hermenéutica; cómo hablar bien en público; de haber elaborado hasta la fecha, más de cinco mil sermones y predicarlos: pésimos, malos, mediocres, buenos y destacados. Es el resultado de escuchar en la radio y de ver en You Tube, en la televisión, cientos de sermones de predicadores de distintos trasfondos eclesiásticos y teológicos, analizarlos, compararlos y sacar conclusiones.

Detrás de estas páginas hay muchos años de experiencia en la enseñanza de cómo predicar. Con todo ello no estoy diciendo que soy la autoridad en la materia, o que soy uno de los más grandes predicadores. ¡No! Carezco del timbre de voz que quisiera, de la fuerza nata para predicar con voz de trueno.

Pero después de servir muchos años en el Ministerio de La Palabra, sé que aun con esas desventajas involuntarias, puedo elaborar y predicar mejores sermones y convertirlos en extraordinarios. Así, he procurado en cada sermón construir un buen título, una acertada introducción, divisiones sólidas, un cuerpo de contornos definidos, con unidad coherente en las diferentes partes del sermón, destacando las verdades esenciales, trasladándolas de manera sencilla, interesante, entendible, creíble, con pasión, convicción, dependiendo del auxilio del Espíritu Santo. He visto buenos resultados por la gracia Dios.

No he alcanzado la perfección, lo sé. Sigo adelante, procurando no dar «golpes al aire», disciplinándome, «no vaya a ser que habiendo sido un anunciador a otros yo mismo sea descalificado» en la santa tarea de elaborar sermones extraordinarios que salven personas y edifiquen a los creyentes.

Pr. Rigoberto Gálvez, PhD.

PRIMERA PARTE
Cómo elaborar un sermón extraordinario

1

Consejos preliminares

Domine el arte de la Homilética

Para destacar en la predicación y preparación de sermones es necesario estudiar, aprender y dominar el arte de la Homilética. La Homilética es una ramificación de la teología práctica, que enseña sobre el arte y el conocimiento de las reglas de elaboración, composición, contenido, estilos y efectiva predicación del sermón. (Santander 2008). Literalmente del griego *homiletikos*: reunión, y *homileos*: «conversar» de manera amable.

Distinga entre la estructura homilética y el mensaje

Las buenas noticias de Dios, «El evangelio del reino de Dios» es un mensaje divino, no es de invención humana. La estructura homilética es una herramienta de fabricación humana, útil para trasladar de manera comprensible el mensaje.

Predique la Palabra de Dios

Si el predicador toma como base la Escritura, la estudia, la enseña y la aplica a los oyentes, en principio ya tiene la victoria. No tiene por qué usar mezclas o aderezos de argumentos puramente humanos o filosóficos. El apóstol Pablo afirma que a él ya no le interesa saber, conocer y anunciar como lo hacen los griegos. Tampoco le interesa enseñar como lo hacen los escribas y los judíos. Él predica la palabra de la cruz. Esa palabra es la que salva, transforma y edifica. Por ello le dice a Timoteo: «Predica la palabra».

Cuando el sermón se fundamenta en la Escritura logrará sus dos propósitos: salvación: «pues ustedes han nacido de nuevo, y no de una simiente perecedera, sino de una simiente imperecedera, por la Palabra de Dios que vive y permanece para siempre» (1 Pedro 1:23, RVC); y equipamiento: «Toda Escritura es inspirada por Dios y útil para enseñar, para reprender, para corregir, para instruir en justicia, a fin de que el hombre de Dios sea perfecto, equipado para toda buena obra» (2 Timoteo 3:16-17, LBLA).

Predique a Cristo

El punto de convergencia en toda predicación cristiana es Cristo. Él es la máxima revelación de Dios y al mismo tiempo es el camino de salvación, el único mediador entre Dios y los hombres. Por ello, aunque se predique sobre cualquier texto de la Escritura, Cristo es el punto focal de referencia al que debe atenerse. Pablo se concentró en predicar a Cristo y a éste crucificado, aunque para unos fuera escándalo y tropiezo para otros

El Antiguo y el Nuevo Testamento hablan de Cristo: «Ustedes escudriñan las Escrituras, porque les parece que en ellas tienen la vida eterna; ¡y son ellas las que dan testimonio de mí! (Juan 5:39, RVC). Un sermón que pierde de vista a Cristo es un discurso religioso, no una predicación cristiana. En todo pasaje de la Escritura que se predique es válido hacer una mención. Por ejemplo, si se predica de la obediencia de Josué, se puede citar la perfecta obediencia de Jesús al Padre a manera de ilustración o aplicación.

Haga que su sermón transmita vida

Organice su sermón de tal forma que el título y cada división sean una instrucción a seguir. Así la información y contenido se convierte en un asunto vivencial. Del contenido del texto pasamos a la urgencia de las implicaciones que tiene para cada oyente. Transmita vida en el sermón.

La predicación se fundamenta en una palabra que produce vida. Cuando se adentre en el texto se encontrará con personajes e historias que vibran: «Los personajes bíblicos no son personajes muertos, Dios nos sigue hablando por medio de ellos. El predicador anuncia cuando camina en las sandalias de Abraham, cuando ve la zarza que arde con los ojos de Moisés, cuando es golpeado por el ángel del Señor como a Jacob, cuando siente lo que vive Isaías como cosa propia. Entonces se obrará el milagro de que los que oyen también caminen, vean, sean, sientan, actúen como Abraham, Moisés, Isaías y Jacob. Así el mundo de la Biblia habrá invadido nuestro mundo, lo habrá llenado de luz y lo habrá redimido» (Arrastia, 1983).

Apele a la razón, a la voluntad y al corazón

Jesucristo predicó sermones y compartió enseñanzas que iban dirigidas a la mente, a la voluntad y al corazón de las personas. Hacía pensar a sus interlocutores por medio de preguntas y afirmaciones en las que se requería de ellos respuestas, pero tenían que meditar antes de hablar. También les pedía que tomaran decisiones, desafiándolos a que se esforzaran por obedecer las enseñanzas. Llegaba a los corazones de sus oyentes de tal manera, que era difícil que se resistieran. Muchos de ellos, con lágrimas y exclamaciones de amor, se postraban, confesaban sus pecados y lo reconocían como el Señor, el salvador y el Dios verdadero.

Es un error grave elaborar sermones que vayan dirigidos solo al intelecto, pues, tendrá cristianos con mucho conocimiento, poca acción y escasa devoción. Si se predica solo a la voluntad o solo a las emociones también provocará deformaciones en sus oyentes.

No anuncie el título del sermón desde el principio

En algunas ocasiones es conveniente realizarlo. Pero en la mayoría no. Porque al oír el título, sin una introducción y una transición adecuadas, los oyentes pueden ponerse a la defensiva. Por ejemplo: Si va a hablar sobre el tema de ofrendas y diezmos, sin contar una historia breve y contundente sobre la realidad de la bendición financiera que se recibe al dar, sin escuchar un testimonio y comprender la solemnidad y espiritualidad que acontece entre el oferente y Dios en ese momento especial, ya se ha levantado un muro entre los oyentes y el predicador.

No predique sermones planos

El desarrollo del sermón no deber ser raso. Los oyentes deben mirar, imaginar, sentir, elevarse, descender, identificarse, entender, recordar el sermón. Deben vivirlo. Es bueno recibir información histórica y un poco de gramática hebrea y griega siempre que estos recursos se trasladen de manera sencilla y ayuden a comprender mejor el mensaje.

Los oyentes una vez atrapados desde el principio hay que llevarlos de la mano por el camino ascendente con puntos de giro hasta llegar al clímax del mensaje. Luego, concluir de manera breve, pero eficaz. Es posible que usted logre elaborar un excelente sermón, pero si no lo predica con certeza, energía y con puntos hilados no obtendrá buenos resultados.

Abarque todo el consejo de Dios

Analice sus sermones para detectar si no padece el síndrome de *ventus praedicationes*[1]. Todos estamos tentados de predicar sobre los temas, sermones y

---

1. Esta frase la he asociado al predicador que ya presenta síntomas del síndrome de predicar dando vueltas sobre sus temas, libros y cartas favoritas. La congregación ya sabe que, aunque anuncie un tema nuevo, terminará hablando de los mismos temas, de las mismas doctrinas y citando los mismos pasajes.

doctrinas que son nuestros favoritos: en libros y cartas en las que nos sentimos identificados, cayendo en la repetición. No cedamos a esa tentación. La manera efectiva para no caer en la repetición y en el agotamiento de los temas, es que predique de todos los libros y cartas, basando su sermón en textos y pasajes de cada uno de ellos. El resultado será una abundancia, riqueza y variedad de sermones.

Tienda puentes entre los abismos de los tiempos

Usted, predicador, es responsable de aplicar correctamente el mensaje de ayer para el mundo de hoy. Si usted no hace una correcta interpretación, comunicación y aplicación para nuestro tiempo, se quedará atrapado en el túnel del tiempo bíblico. Se convertirá en anunciador de pura información antigua. Será un arqueólogo en lugar de un predicador pertinente para los retos de la época.

Un sermón certero funciona como un puente sobre el abismo cultural e histórico entre el mundo bíblico y el mundo moderno, entre los primeros recipiendarios, patriarcas, sacerdotes, profetas, reyes y nosotros hoy. Entre Jesús de Nazaret, los primeros discípulos, apóstoles, evangelistas, maestros, pastores, la iglesia apostólica, y el hombre actual.

Deje que el texto lo posea a usted y usted al texto

Permita que el texto cale profundamente en todo su ser. Sea su alimento y lo halle exquisito. Jeremías, el profeta llorón, se quejaba, se lamentaba, maldecía, y rehusó seguir anunciando la palabra de Yahvé. Pero él testifica que la Palabra de Yahvé se le metió en todo su ser, como fuego ardiente, de tal manera que no pudo rechazarla, sino anunciarla con más ímpetu. Entonces recuperó el gozo de alabar y exaltar el nombre del Señor.

Si usted no predica poseído por el texto, predicará de sí mismo y su mensaje será llevado sobre calzado de carne con espada de palo.

El sermón extraordinario parte del texto no del contexto, ni de un pretexto.

Conozca la finalidad del sermón

A la luz de la Escrituras vemos que la finalidad de todo sermón se engloba en dos propósitos:

a) Salvación a los incrédulos. Se enfoca en el sermón evangelístico que procura persuadir a los no creyentes para que se conviertan al evangelio, creyendo en Jesucristo como su salvador personal.

b) Edificación y equipamiento a los salvos. En este propósito, Crane, incluye cinco clases de sermones:

Doctrinales: que enseñan las grandes verdades reveladas sobre las Escrituras, Dios, Jesucristo, el Espíritu Santo, la iglesia, el hombre, los ángeles, el pecado, la salvación, los eventos del fin.

Devocionales: inspiran a crecer en la comunión con el Dios trino para que los creyentes adoren, alaben, exalten al Señor por medio de la oración, la alabanza, la meditación de las Sagradas Escrituras.

De consagración: Llaman al creyente a vivir una vida diferente, separada de los criterios y actuaciones del mundo; para que dediquen su tiempo, talentos, conocimiento, su vida, al servicio de Dios.

De ética cristiana: La ética cristiana comienza por un escuchar, escuchar la Palabra de Dios. Repiensa lo que Dios ha pensado antes para el hombre respecto de la conducta humana. El llamamiento de la ética cristiana es repetir lo que has escuchado de parte de Dios, entenderlo, vivirlo y presentarlo. Es, en alguna medida, el comportamiento, la acción del hombre lo que corresponde al comportamiento y a la acción de Dios en la historia. Dios se hizo hombre en Jesús de Nazaret, habitó entre los hombres, para enseñarles a vivir, para amarlos y para servirlos. El hombre tiene que actuar de esa misma manera: «Sed perfectos como vuestro Padre celestial es perfecto» (Mateo 5:48, LBLA).

De proveer aliento: El enfoque es proveer el consuelo y la fortaleza a los creyentes en medio del dolor y el sufrimiento. Así, los propósitos cumplen con la meta de la satisfacción de las necesidades humanas de orden espiritual y temporal. Esto debe estar reflejado en los títulos y desarrollo de sus mensajes.

Si no se tiene claro el propósito de la predicación, resbalará en la pendiente de la imprecisión, trasladando pura información difusa. Juan Calvino detectó esa deficiencia: «La palabra de Dios no es para enseñarnos a hablar… o para ser elocuentes y sutiles, es para reformar nuestras vidas, para que tengamos el deseo de servir a Dios, para entregarnos totalmente a él y conformarnos a su buena voluntad». La Biblia y la predicación deben aumentar nuestro conocimiento, pero el fin es transformar vidas.

Los sermones no deben enfocarse en la condenación de los pecados de los hombres, ni en el legalismo. Es claro que hay que hablar de los pecados humanos y sus consecuencias, pero hay que hacerlo desde la correcta perspectiva de la buena noticia del Evangelio: el pecado ya ha sido erradicado por la obra de Jesucristo. El pecado ha sido derrotado por el Cordero de Dios que quita el pecado del mundo. Recuerde, la finalidad del sermón es la salvación, transformación, crecimiento, edificación y equipamiento. Por ello, es mejor predicar resaltando los aspectos positivos del mensaje. En esa línea el conocido predicador presbiteriano escocés Tomas Chalmers afirmó: «La predicación positiva de la verdad es mil veces mejor que la refutación negativa del error» (Crane, 1991).

Abundan los sermones que no cumplen con los dos propósitos fundamentales que hemos señalado. Arrastia, en su tesis de grado: «Acentos doctrinales en la predicación en América Latina», realizó una investigación de campo con más de trescientos predicadores. Descubrió que los males de los sermones que predicaban eran la falta de claridad en el propósito, la abstracción y la generalización. Con relación al primer mal es como disparar al aire. Los siguientes males no lograban conectar con el contexto, ni con los aspectos vivenciales de los oyentes. Tampoco sus sermones eran específicos en cuanto al texto y su mensaje, sino que se deslizaban por la predicación imponente del dogma heredado, más que por la dirección del texto estudiado y explicado. Era, en la mayoría de los casos, información plana más que mensaje de vida para la transformación. Eso desemboca en ser impersonal, ambiguo (Arrastia, 1993).

No predique pura historia bíblica

El relatar la pura historia bíblica, se parece a exponer un estudio bíblico. Se aprende, pero no hay transformación, ni desafío a los que oyen.

Un predicador puede confundir un sermón con una narración. Puede hablar sobre los primogénitos de Egipto y la súplica de los egipcios para que Israel partiera. De cómo Dios advirtió al pueblo egipcio y a su Faraón, cómo los castigó. Proseguir con el relato de cómo Dios protegió, liberó y preservó a su pueblo. Pero si no destaca las verdades de cómo ese mismo Dios que salvó a Israel de la esclavitud en Egipto, salva, protege, liberta y, transforma hoy a las personas en Jesucristo, para los que se constituyen en su pueblo hoy, de nada o de muy poco sirve. Las historias, eventos del Antiguo Testamento son una aplicación para nosotros hoy; dice Pablo, para nuestro ejemplo se escribieron.

Veamos siempre la diferencia entre una narración histórica y un auténtico sermón. El sermón destacado explica el texto y muestra que éste exige una respuesta. Entrega el verdadero sentido y significado a la vez que también llama a una cuidadosa aplicación. Solo así obtendremos un buen sermón que traiga vida al valle de los huesos secos, que los recubra de tendones, carne y piel, que los vuelva a la vida. Eso es la predicación, trasladar vida, descubrir la verdad, exponerla con claridad y aplicarla a los oyentes: «Predicar es enseñar la verdad revelada de Dios con aplicación; tal enseñanza con aplicación es profecía, siempre lo fue y siempre lo será…» (Packer, 1984).

Así que este es el consejo: elabore un sermón que siga el texto, y traslade ese sermón con aplicación hacia la congregación. Eso le ayudará a usted y a los que le escuchan.

Conozca los efectos de la Palabra de Dios

Si el predicador sabe que la Palabra de Dios es viva y eficaz, que no regresa vacía y que siempre producirá efectos en los que la escuchan, cada vez que predique estará atento a lo que sucede en las personas que le oyen: sus rostros, sus miradas, sus posturas. No pueden quedar indiferentes, la rechazarán o darán una respuesta de fe: «Y otros son aquellos en que se sembró la semilla en tierra buena, los cuales oyen la palabra, la aceptan y dan fruto, unos a treinta, otros a sesenta y otros a ciento por uno» (Marcos 4:20, LBLA).

Pero el efecto principal de la Palabra es producir frutos: «Porque como descienden de los cielos la lluvia y la nieve, y no vuelven allá, sino que riegan la tierra, haciéndola producir y germinar, dando semilla al sembrador y pan al que come, así será mi palabra que sale de mi boca, no volverá a mí vacía sin haber realizado lo que deseo, y logrado el propósito para el cual la envié» (Isaías 55:10-11, LBLA).

Este es uno de los parámetros que ayuda a todo predicador para asegurarse si está siendo efectivo o no.

No se distraiga con las muchas clasificaciones

Orlando Costas ve un problema en las clasificaciones. Otros predicadores las ven como una futilidad. Mi consejo es que se atenga básicamente a las tres clasificaciones comúnmente aceptadas: textual, expositiva y temática. Y con dos propósitos básicos que hemos explicado: salvación de los incrédulos, edificación y equipamiento de los creyentes. Lo demás es dar vueltas en el desierto.

Los libros de Homilética que he leído convergen en la clasificación de las predicaciones textual, expositiva, temática. Algunos agregan la biográfica, pero para mí sería una variante de la clasificación temática o de la expositiva si se trata de un personaje que se encuentra descrito únicamente en un capítulo o dos de un libro o carta.

Hay opiniones diversas sobre el tipo de sermones y la manera de predicarlos. Unos insisten en que la mejor forma de predicar es la expositiva. No es cierto. Carlos Spurgeon, el príncipe de los predicadores, predicaba solo de manera textual y su ministerio ha sido uno de los más exitosos de la historia de la Iglesia. Todos los predicadores hemos leído más de un sermón de él, lo hemos predicado, o nos hemos inspirado. Moody predicó solo de manera temática. Lutero predicó de manera expositiva. Calvino llevó a la máxima expresión la predicación expositiva: libro por libro, capítulo por capítulo, versículo por versículo. Ha sido uno de los predicadores de la Reforma con más impacto por medio de sus sermones y enseñanzas hasta nuestros días.

M. White, promotor de la predicación expositiva cita a B. Jones, reconociendo de manera implícita que Dios puede salvar a muchas personas por medio de las diversas clases de sermones. Escribe: «La predicación temática de Moody movió a dos continentes para Cristo; los sermones textuales de Spurgeon iniciaron movimientos que aún siguen bendiciendo a la humanidad; pero fueron los sermones expositivos de Lutero los que redimieron a la cristiandad de la Edad Media e instituyeron la reforma» (White, 1993).

Pero si vamos al mayor ejemplo de todos: nuestro Señor Jesucristo, encontramos que él no predicó, ni enseñó de manera expositiva, tampoco Pablo, Pedro y los otros apóstoles. En ninguna parte del Nuevo Testamento los vemos tomando un capítulo o un pasaje para explicarlo versículo por versículo, oración por oración, frase por frase, palabra por palabra. La forma en que tomaron de base el Antiguo Testamento para reafirmar sus predicaciones y enseñanzas, jamás las usaríamos nosotros. Ellos tomaron oraciones, frases y versículos –como los conocemos hoy– y los interpretaron y aplicaron a hechos o aspectos completamente diferentes. Esto ocurre una y otra vez en todo el Nuevo Testamento. Uno de los escritos que más ejemplos contiene es el Evangelio de Mateo. Veamos uno: (Mt 2:15, LBLA) «Y estuvo allá hasta la muerte de Herodes, para que se cumpliera lo que el Señor habló por medio del profeta, diciendo: De Egipto llamé a mi Hijo», y declara esa afirmación tomando como base a (Oseas 11:1, LBLA) «Cuando Israel era niño, yo lo amé, y de Egipto llamé a mi hijo». Pero el significado de este último pasaje se refiere al amor de Dios para su pueblo Israel. Y Pedro lo interpreta en relación a algo diferente: El tiempo que el niño Jesús estuvo en Egipto, hasta que pasara el peligro de muerte para éste por parte del rey Herodes, y lo aplica diciendo «para que se cumpla la profecía 'De Egipto llamé a mi hijo'».

Observamos que Jesús predicó y enseñó más de manera temática: Algunos de los temas que sobresalen son: la tentación, el pecado, el arrepentimiento, la conversión, el perdón, las bienaventuranzas de los que sufren, el ayuno, la ofrenda, la ira, el adulterio, el divorcio, los juramentos, el amor hacia los enemigos, la oración, las riquezas, el afán, la provisión amorosa, la regla de oro, el camino de la salvación, el pecado de juzgar según las apariencias, por los frutos se conoce el árbol, la religiosidad hipócrita, la voluntad de Dios, el discipulado, el costo del discipulado, la contaminación espiritual, la fe, los impuestos, la mayordomía, la muerte, la resurrección, el infierno, el cielo, la ofensa contra el Espíritu Santo, su propia muerte, y su resurrección, las recompensa de los creyentes, las señales del fin, su retorno. Y por medio de muchas parábolas enseñó los principios, mandamientos, del reino de Dios. Frases que revelan el sermón temático que solía predicar el Señor Jesús: «Ustedes son la sal del mundo»; «Ustedes son la luz del mundo»; «Yo soy el pan de vida»; «Yo soy la puerta»; «Yo soy el buen pastor» y otros.

Es cierto que en una ocasión Jesús leyó la Escritura en la sinagoga, una porción de Isaías 61, pero no la explicó frase por frase, palabra por palabra, era una lectura, no un sermón.

Domine las tres clases de sermones generalmente aceptados

–Sermón textual

En el sentido estricto. Se basa en una frase o una oración de un versículo o versículos. El texto es corto. Pero si toma otros pasajes claramente enlazados sobre el tema principal, esto lo convierte en un híbrido.

–Sermón expositivo

Se basa en un solo pasaje mediano o largo, un capítulo o más. En algunos casos toma en cuenta toda la carta o libro. Generalmente se sigue el orden de los versículos, de los capítulos de un libro o una carta.

–Sermón temático

Se elige un tema y se desarrolla sobre la base de diferentes versículos de libros y cartas del Antiguo y Nuevo Testamento que se relacionan con dicho tema.

Al final, lo que importa es que el sermón contenga la verdad de la Palabra de Dios, la explique y la traslade de manera efectiva a los oyentes. Que se salven, sean transformados, equipados, edificados para que alcancen la estatura del varón perfecto.

No se distraiga con demasiadas sutilezas sobre el tema, proposición, oración transicional, infinidad de clasificaciones y tipos de sermones, pues los mismos textos de homilética asignan diversos valores a estos términos.

En cuanto al tema, lo importante es saber que en esencia es «el asunto del que se trata en el sermón, la idea central del sermón» en cualquiera de los tipos de sermones: expositivo, textual y temático.

Planee su sermón o serie de sermones

Planear en todas las áreas de la vida es bíblico. La predicación no es la excepción.

El que usted planifique su sermón o serie de sermones le traerá muchos beneficios: Enseñar de manera sistemática, variada, ocuparse de temas oportunos, conocer en profundidad las necesidades de la iglesia. En cuanto al tiempo, el plan puede ser semanal, mensual trimestral, y anual. Otro es el de los días festivos, fechas importantes en la fe cristiana, las ordenanzas del Señor. También es necesario planear por temas y verdades doctrinales.

En relación a las Escrituras, es muy provechoso planificar, predicar por libros y cartas completos de manera expositiva, por capítulos, y por un grupo de versículos, por oraciones, frases y palabras. La clave es tener suficiente tiempo con anticipación para prepararse para la predicación (Nelson, 2011).

Por experiencia propia afirmo que planificar le permitirá tener un camino trazado para no dar giros repentinos que confundan o hagan divagar a la congregación. Tendrá más clara la finalidad de los sermones. Le permitirá prepararse mejor porque buscará material para varias semanas e irá recopilando contenidos, historias, ilustraciones con anticipación. Logrará que la congregación aprenda más sobre un tema desde distintos ángulos. Ello redundará en proveer alimento espiritual equilibrado y la enseñanza cobrará más fuerza. Es más estratégico en cuanto a promover la temática del sermón o serie de sermones y ahorrará tiempo y tensiones innecesarias. Dejará de estar luchando cada semana con la elección del texto y del tema en cuanto que ya tiene la proyección. Los planes y proyectos elaborados con tiempo le aseguran el triunfo. Todo lo que realice a la carrera será un fracaso.

2

Identifique las características de los sermones comunes

Comienzan con una introducción insípida

No cometa el error de pasar por alto la importancia de la introducción, como acontece con la mayoría de predicadores. Piensan que lo más importante es el cuerpo del mensaje. Por ello, su introducción es improvisada, ambigua, opaca, usan frases y oraciones trilladas que no despiertan el interés de los oyentes, por ejemplo: «Todos los seres humanos han fracasado, pero en Cristo podrán triunfar». «Los tiempos son malos y peligrosos, pero hay esperanza», o relatan historias seculares para luego afirmar «de igual manera en la vida espiritual». La introducción debe ser tan seductora como darnos una pequeña degustación exquisita de lo que ha de ser una buena comida, o tan agradable como darnos a oler un poquito del más fino perfume; «Debe ser como el preludio de una bella pieza de musical, un poema. Es como el prefacio de un libro que nos cautiva de inmediato para comenzar a leerlo» (Morgan, 1974).

MacArthur Jr. Afirma: «Solo la imaginación y la creatividad limitan los tipos de introducción y sugiere variantes con posibles clases de introducción, no convencionales» (MacArthur, John, 1996). Me parece que está en lo correcto. Solo hay que mantener en la mira que la introducción deber ser breve, interesante, apropiada, pero relacionada directamente con el título del mensaje, la verdad central y el cuerpo del mensaje.

Son aburridos

Es cierto que los predicadores, en algunas ocasiones, hemos aburrido a los oyentes. La tragedia ocurre cuando el predicador es abrigado por el tedio de forma continuada. Por ello, reconocemos que han existido razones suficientes para que muchas personas crean que «predicador y aburrimiento son sinónimos». Hemos predicado las grandes verdades con poco entusiasmo, como si pareciera mentira lo que estamos comunicando. La Biblia en nada es aburrida. Es un libro único. Tiene mucho que decirnos a todos los hombres en nuestras realidades, miserias, sufrimientos, desafíos y desengaños, por medio de las fascinantes historias, las magníficas parábolas relatadas con sencillez, las paradojas y los misterios revelados que cautivan la mente y los corazones de las personas.

El predicador es el responsable de trasladar de manera fascinante el mensaje o anunciarlo envuelto en la neblina del aburrimiento. Con relación a los sermones aburridos, Spurgeon dijo, con la agudeza que le caracterizó, «Si algunos hombres fueran sentenciados a oír sus propios sermones, sería un justo juicio para ellos, pero pronto clamarían como Caín: '…grande es mi iniquidad para ser perdonada'» (Spurgeon, 1993).

La predicación fiel a la Biblia no puede ser aburrida.

Son mediocres

Un sermón mediocre es aquel que es mediano o regular, tirando a malo, en cuanto a su calidad, valor, interés.

Dan la impresión de ser bíblicos. Están saturados de versículos bíblicos, que el predicador recita de memoria, pero no están conectados entre sí. Claro, eso puede llamar la atención como las agraciadas burbujas de agua que pronto se rompen. O, por el contrario, son discursos que mencionan en nada la Escritura; se parecen a los buses de excursiones que proporcionan miradas panorámicas y van de lugar en lugar sin detenerse en ningún pasaje de la Escritura (Serrano, 2007).

Son elaborados a la carrera, dejan al descubierto errores, equivocaciones e imprecisiones en conocimiento, estructura, interpretación y aplicación. Son desenfocados, su valor es bajo, son deficientes en provocar interés. No inducen en nada a un impacto para la salvación o para la edificación de los oyentes. Son mediocres.

Siguen el camino del sermón tradicional

Este tipo de sermón se articula con una interpretación tipo comentarista, oratoria bíblica generalista y neutra. Su aplicación es débil o ausente. Ofrecen un conocimiento que incluye palabras hebreas y griegas, pero en algunos casos resulta irrelevante. El predicador confunde la cátedra con el púlpito. Traslada información y conocimiento de manera plana, tipo enciclopedia, yo le llamo *predipedia*.

Es válido usar el conocimiento del hebreo y el griego para explicar mejor una verdad bíblica, pero hay que emplearlo con mesura y de manera pertinente en el púlpito.

Son sermones no bíblicos

Patinan en el humanismo. Están impregnados de pensamiento positivo, filosofía, motivación y superación personal. Son de tinte moralista, legalista, psicologista. Les importa un comino el estudio del texto bíblico, contexto histórico, su significado y su pertinencia hoy. Los maquillan con un versículo aquí y otro allá, para que tenga semblante bíblico, pero nada más.

Tienen títulos que no dicen nada

Es un error enseñar que el título del sermón, sea por regla general, «una simple frase» o «un pensamiento incompleto», con el propósito de sugerir la línea de pensamiento que va a ser seguida en el sermón para que despierte el interés y se distinga de la proposición o tema, como lo enseñan algunos autores. Afirman que la proposición es una declaración en forma más concisa y completa que contiene el tema central del pasaje y que «el título es un sujeto del cual nada se afirma ni se niega».

Estas aseveraciones demuestran que hay un enredo, eso sí, bien intencionado.

Creo que es más efectivo que el título contenga la verdad central del pasaje de manera condensada porque si el título «es una simple frase que no afirma ni niega nada» entonces no siempre va a tener relación con la proposición, así como tampoco con las divisiones principales.

Por experiencia afirmo que, es más eficaz que los oyentes escuchen un título lo más corto posible, pero que apunte de una vez hacia una verdad clara, un desafío preciso, o el tema en forma de una pregunta. He leído sermones en los que su título no se relaciona en nada con la verdad central que se supone debe condensarse en la proposición o tema. Ello resulta muy ambiguo.

Presento algunos de los títulos de mensajes recientes de predicadores contemporáneos más vistos y escuchados:

- No sabía
- Infarto
- Mal para bien
- Corazones sin techo
- Responsable
- Ansiedad
- Insatisfecho
- Una rata muerta
- 911

- Gente loca
- Tu domingo es hoy
- Sexto sentido
- Fe o muletas
- Yo también

¿Qué tienen en común estos títulos? Son abstractos, oscuros, sueltos, no dicen nada. Al escucharlos el oyente su mente se va en mil direcciones intentando adivinar hacia donde los llevará. No contienen un destello de luz para los oyentes.

Lo interesante es que este tipo de predicadores, desde la introducción hasta la conclusión, tienen la capacidad para captar de inmediato la atención de los oyentes. Hablan con denuedo, tienen sentido del humor nato, lanzan desafíos. En algunos sermones, no leen ni un solo versículo de la Biblia, sus sermones están impregnados de alegorismo. El título del mensaje lo van diciendo a los diez minutos o la mitad del mensaje, y casi siempre no se relaciona con alguna proposición, ni con la verdad bíblica que intentan transmitir. Mezclan varios temas en el mismo mensaje, pero su audiencia está atenta durante todo el mensaje. Lo paradójico es que estos predicadores dirigen iglesias que van desde los quinientos miembros hasta los siete mil en los Estados Unidos de América. Y en América Latina de tres mil a cuarenta mil (Gálvez, 2001).

Lo que debiéramos imitar de ellos, es esa convicción, persuasión, fuego y determinación con la que hablan. Lo demás, no.

Tienen títulos planos

- La oración
- El amor fraternal
- La protección de Dios
- La fidelidad de Dios
- Los ojos de Jehová
- La sangre de Jesús
- Dios omnipotente, omnipresente, omnisciente
- La palabra de Dios
- Libros
- El pecado
- El arrepentimiento
- El perdón

Dichos títulos son declaraciones inertes, generales, pasivas. Estos títulos de sermones los encontré en un libro de Homilética publicado en Miami en 1994, con once impresiones. No hay en ellos acción, interpelación, desafíos, son tan amplios como vagos, por tanto, planos. Pecan adentrándose en el mar de lo general y terminan ahogando a los oyentes.

Otros títulos de sermones planos:

Estos títulos corresponden a predicaciones expositivas del libro del Génesis de los capítulos doce al cincuenta:

- Los ideales
- Las separaciones
- La adoración
- La verdad
- La guerra
- El poder
- La paz
- La hospitalidad
- La misericordia y el juicio
- La risa y las lágrimas
- El amor y el hogar
- El honor y la conciencia
- La despedida y la fe

¿Qué tienen en común estos títulos? Son fríos, estáticos, parecen nombres de entradas de diccionarios, no tienen un solo verbo, no empujan a la acción. No son vivenciales, no mueven en nada a la fe y a la esperanza en las necesidades de los oyentes.

Tienen títulos extravagantes

James Braga afirma que, con la intención de captar la atención de la congregación, algunos predicadores se desbocan con títulos raros, sensacionalistas, que rayan en el ridículo. Menciona los siguientes:

- Snoopy y Mickey Mouse
- Vino, mujeres y canción
- El show estilístico del Antiguo Testamento

31

- Los bigotes del gato
- ¿Debieran los maridos pagar a sus mujeres?
- Los astronautas y el hombre en la luna
- El lugar caluroso
- Hippies y minifaldas
- El gran afeminado (Braga, 1981).

Yo agrego otros que encontré en libros de Homilética y en la web:

- El primer concurso de belleza en la Biblia
- Los invisibles
- Leones y gacelas
- Volver al futuro
- Show de jóvenes
- Rescatando al soldado Ryan
- Zelotes, solo para hombres
- Una noche más con las ranas
- Bailando con la más fea
- Activa los genes correctos
- El peor sermón de Jesús
- Carlos Marx o Jesucristo

Estos veinte títulos de sermones son presuntuosos y algunos vulgares e insolentes. Es correcto captar la atención, pero no a costa de afrentar la dignidad de la Palabra de Dios y la inteligencia de los oyentes.

Tienen títulos académicos

Los siguientes títulos los encontré en libros de predicación expositiva.

- Actitudes cristianas fundamentales
- El *Alpha* y la *Omega*
- El rey misericordioso
- Aborrecido sin causa
- Los amigos de Jesús
- Amor y obediencia
- Dios no ha terminado de usar su poder de resurrección

- Límites a las funciones de la ley del Antiguo Testamento
- El llamado de los discípulos
- Contabilidad ante Dios
- Utilizando un enfoque aparentemente irrazonable a fin de lograr propósitos Divinos
- ¿Por qué involucrar a los ángeles?
- Hay un problema con la estrella
- Tres aspectos de fe

¿Qué tienen en común estos títulos? Son eruditos pero desabridos. Pueden impresionar a los oyentes al decir «El *Alpha* y la *Omega*», pero no comunican nada de interés a un inconverso, ni siquiera a los mismos creyentes. Son declaraciones académicas complejas. La mayoría carecen de un verbo. No estoy en contra de la academia, es necesaria, tiene su función. El problema surge cuando no se traslada de forma digerible a la audiencia. El procedimiento de los sermones académicos resultan en esto: académicos, pero no transmiten vida.

La forma de elaborar ese tipo de sermones es complicada. El procedimiento académico para elaborar un sermón en líneas generales conlleva las siguientes acciones:

a) Leer el texto en los idiomas originales con la ayuda de libros especializados.

b) Hacer una lista de las palabras con una carga teológica y bíblica.

c) Estudiar el texto y el contexto del pasaje.

d) Usar comentarios e interpretar históricamente el pasaje: para determinar cuál fue la situación histórica, averiguar si el autor se basó en la tradición o empleó fuentes anteriores.

e) Detectar qué relación tiene el pasaje o perícopa[2] con el libro en que se encuentra.

f) Elaborar una paráfrasis de lo que el autor pensó al escribir.

g) Realizar una segunda paráfrasis de lo que el predicador quiere trasladar a los oyentes.

h) Y sobre esta paráfrasis elaborar el sermón.

---

2. Es el nombre que se le da a cada uno de los pasajes o fragmentos de las Sagradas Escrituras que son conocidas y han adquirido relevancia por leerse en determinadas ocasiones del culto.

Quien pueda realizarlo, pues, qué bueno, pero el desafío es transmitirlo de manera sencilla. La mayoría de los pastores y predicadores hispanos y latinoamericanos ¿tienen la preparación para elaborar estos sermones eruditos? ¿Y si la tuvieran la entenderían los oyentes hispanos y latinoamericanos? La respuesta es no.

Tampoco estoy en contra de la erudición bíblica. Es necesaria. Los eruditos tienen el llamado para profundizar en el texto bíblico desde todos los ángulos. El pastor debe usar de manera pertinente esos conocimientos, dosificarlos, para enriquecer sus predicaciones, pero no para sustituirlas. Su llamado es al púlpito no a la cátedra. Es responsable de impartir el mensaje por medio del desarrollo homilético. Un mensaje que transforme vidas y equipe a los creyentes para toda buena obra.

¿Jesucristo elaboraría sus predicaciones de esta manera? La respuesta es no. Jesús predicaba las verdades del reino con historias, parábolas, relatos vivenciales, imágenes, con el lenguaje más sencillo y común de la época. Impactó a toda clase de oyentes. Los sermones de Jesucristo son extraordinarios, hay vida en ellos, vibran, fluyen la fe y la esperanza, desafían. El sermón del monte y las conmovedoras historias de los evangelios brillan.

Otros ejemplos de títulos de sermones que podrían mejorarse

Leí un libro sobre la predicación y cómo planificarla, publicado por una prestigiosa editorial de los EE.UU. Encontré la siguiente declaración: «Hace poco prediqué una serie de mensajes que cubrían una amplia variedad de asuntos doctrinales. Titulé la serie *Transformado por la verdad: lo que tú crees puede cambiar tu vida*». La serie consistía en los siguientes once mensajes:

- La verdad sobre Dios
- La verdad sobre Jesús
- La verdad sobre el Espíritu Santo
- La verdad sobre el hombre
- La verdad sobre la salvación
- La verdad sobre la Biblia
- La verdad sobre la iglesia
- La verdad sobre los ángeles
- La verdad sobre Satanás

– La verdad sobre el infierno
– La verdad sobre el cielo

El título y el subtítulo de la serie son excelentes. Apelan a la necesidad de los oyentes, son específicos, llamativos. Pero los títulos de los mensajes de la serie son académicos y demasiado amplios. Carecen de un verbo, no conectan con las necesidades de los oyentes. No captan la atención. Son pura información de Teología Sistemática.

También revisé dos libros que contienen más de cien sermones cada uno para predicar los domingos durante dos años consecutivos, publicados por una editorial acreditada. La mayoría de los títulos de los sermones son como los anteriores: comunes, difusos y sin destacar el mensaje central del pasaje. Tampoco giran sobre las verdades del evangelio que se aplican a todas las personas en cualquier parte del mundo. Carecen de ilustraciones. La mayoría de sermones tiene cero por ciento de aplicación. Es puro relato y explicación.

Veamos diez títulos de estos dos libros. Algunos títulos los comentaré, otros por su evidente debilidad escribiré «sin comentarios»:

a) *Inventario en la pocilga*: Lc. 15:11-24, sin comentarios.

b) *Le guardaban allí*: Mt 27:36 (LBLA). «Y sentados, le custodiaban allí». El desarrollo del mensaje es sobre la pasión de Cristo. No guarda relación con el título. En la conclusión, en lugar de reafirmar las verdades del texto, termina con dos preguntas: ¿Qué significa para usted la muerte de Cristo? ¿Cómo afecta a su vida la muerte de Cristo? Tampoco se conectan con el título del mensaje. Estas preguntas hubiese sido mejor plantearlas en la introducción. Incluso una de ellas pudo haber sido el título del mensaje. Al final escribe una exhortación que es la única aplicación del mensaje: «Confíe en aquel que murió por usted».

c) *Sumisión*, Lc. 19: 28:40.

En ninguna parte de este pasaje aparece la palabra, concepto o connotación de «sumisión» de Jesús. Tampoco se infiere. El contenido de estos versículos es el relato que se conoce como la «Entrada triunfal de Jerusalén».

d) *El cojo*, 2 Samuel 2:9, sin comentarios.

e) *Cosas rotas*, Lc. 5:1-11.

Las tres divisiones que elaboró el predicador:

    I. Las redes se rompían

II. Un hombre roto

III. Una sociedad rota

Los temas que resaltan directamente en todo el pasaje son: el fracaso de los discípulos al pescar y la intervención milagrosa de Jesús para que tuvieran una pesca abundante. Las verdades espirituales que se infieren en este pasaje son: «Cristo actúa cuando hemos fracasado», «Cristo puede resolver nuestro problema con un milagro», «Cristo nos socorre pese a nuestros fracasos». De las tres cosas rotas que menciona el autor, una es periférica: «Las redes se rompían». Las otras dos son imaginarias o alegóricas: «Un hombre roto», refiriéndose a Pedro cuando le dice a Jesús: «Señor apártate de mí porque soy pecador» y, «Una sociedad rota» que no encaja por ninguna parte del texto. Pura imaginación tergiversada.

f) *La segunda vez*, Jonás 3, sin comentarios.

g) *Avivamiento*, Salmo 85: 6, sin comentarios.

h) *¿Qué tal si...? ¿Por qué no?*, Hch. 4:31-33 y Lc. 1:37, sin comentarios.

i) *Usted y yo*, Salmo 23, sin comentarios.

j) *¿Qué hora es?*, Hch. 1:6.

La introducción y el desarrollo del mensaje el autor los traza sobre el plan profético de Dios, pero el texto no da para ello. A la pregunta de los discípulos planteada en Hechos 1:6 de ¿cuándo restauraría el reino de Israel? La respuesta de Jesús en Hechos 1: 7, es que no les toca a ellos saber «Las sazones de los tiempos». Ni el título, ni el desarrollo del mensaje corresponden al texto escogido.

Un ejemplo más que confirma que abundan los títulos de sermones comunes y escasean los extraordinarios es sobre el relato de la samaritana. Busqué en internet títulos de sermones sobre la samaritana y encontré varios. Comparto algunos de ellos:

- Jesús y la mujer samaritana
- Reconsiderando a la mujer samaritana
- El testimonio de la mujer samaritana
- La hermosa historia de la mujer samaritana
- El trágico costo de su profunda sed
- Dame de beber
- La revelación de Jesús: el agua viva

Estos títulos son aburridos, abstractos, inertes. Los sermones son de todos los trasfondos teológicos. ¿Cómo puede titularse tan ranciamente un sermón sobre uno de los relatos más fascinantes de los Evangelios? Al analizarlos encuentro que en nada llaman la atención.

Otros títulos de sermones que encontré en un Manual de Homilética, poseen las mismas características de los sermones anteriores.

- Onésimo
- Las migajas
- Babel vs pentecostés
- Diez leprosos
- El crecimiento
- El libro peculiar
- La autojustificación
- Por otro camino

Les comparto las experiencias de dos predicadores que procuraron predicar mejores sermones y el ejemplo de un sermón con un título, divisiones y desarrollo, trastornados, para reafirmar que preparar un buen sermón no es fácil. Es un gran reto. Todos los predicadores deberíamos saberlo. Pero tampoco es imposible, si nos determinamos, lo obtendremos. Nunca es tarde para intentarlo.

Juan Wesley era consciente que debía esforzarse para mejorar sus sermones: «Una vez cada siete años quemo todos mis sermones, porque sería una vergüenza, si no pudiera escribir mejores sermones ahora de lo que hice hace siete años». En ese sentir, Crane confiesa que después de muchos años revisó algunos sermones que elaboró en sus años mozos de ministerio y se espantó. Observó que uno de sus sermones era alegórico en su título, desquiciado en unidad, raquítico en el desarrollo. «Hice trizas el texto», afirma.

Veamos el bosquejo de este trastornado mensaje:

Texto: Hechos 27:29 (RVR1960) «Y temiendo dar en escollos, echaron cuatro anclas por la popa, y ansiaban que se hiciese de día».

Título: Las cuatro anclas del alma.

Propósito: «Rodeados de tanta tempestad como estamos, es necesario que echemos anclas para que estemos firmes».

Oración transicional: Quisiera sugerir cuatro anclas que nos ayuden a sostenernos en este mar rugiente.

Divisiones principales:

    I. La Palabra de Dios es verdadera
   II. Dios contesta las oraciones
  III. La voluntad de Dios es lo mejor
  IV. La salvación es segura

En efecto, este sermón no tiene cabeza, manos y pies. Es un manojo de ideas discordantes ajenas al texto escogido, amarradas a la fuerza.

3

Aprenda las características de los sermones extraordinarios

Tienen títulos destacados

En el ejemplo de los títulos de mensajes sobre la historia de la samaritana que mencioné, mejores títulos podrían ser:

- Jesús evangelizó a una pecadora
- Jesús buscó a la samaritana, pese a su mala vida
- Jesús sacia la sed del alma
- Jesús ofrece el agua de vida al pecador
- ¡Todos pueden beber del agua de vida!
- ¿Cómo apagar la sed del alma?
- Transformando una vida insatisfecha

Un título inferido del texto que de una vez se aplica a los oyentes podría quedar así:

- Jesús se interesa por ti
- Jesús te ama pese a tus errores
- Jesús transforma tu vida de insatisfacción

Estos títulos corresponden a verdades directas e inferidas del texto. Creo que son más acertados porque captan la atención de los oyentes, apelan a sus necesidades, contienen un verbo, mueven a la acción.

En otros temas doy sencillos ejemplos de cómo escribir títulos que conecten de inmediato con la audiencia. El objetivo es no precipitarse con títulos generales o neutros. O escribir títulos pasivos en los que no hay un verbo. Por ejemplo: Si ha titulado un sermón: «Las bendiciones de Dios», la congregación lo sentirá muy distante, muy general. No conecta con sus necesidades. Pero si lo titula: «Dios ha preparado tus bendiciones», «Dios te ha heredado bendiciones» o «Dios nos ha heredado bendiciones», los oyentes se interesarán inmediatamente porque está personalizado, se sienten involucrados. Claro que desearán saber cuáles son las bendiciones que Dios ha preparado o heredado para ellos y cómo pueden poseerlas.

Es imperante que los títulos sean interesantes, fáciles de recordar, conectados con el tema central. No deben ser amplios e imprecisos. Otros ejemplos: en Mateo 6:5-15 es preferible nombrarlo: «¿Cuáles son los requisitos de la oración?», que titularlo solamente: «La oración»; el relato de Zaqueo sería más conveniente titularlo: «Cristo ama a los marginados», en lugar de titularlo: «El gran amor de Cristo» (Martínez, 1977).

Los títulos de los sermones destacados surgen de la verdad central del pasaje, conectan con los oyentes y se aplica a su realidad.

Les muestro algunos nombres que brotan del pasaje, de la verdad esencial y no son sermones textuales. Veamos:

– Soy tu Dios quien te sostiene	Isaías 41:13
– Pero yo siempre estaré contigo	Salmo 73:23
– Y porque yo vivo, ustedes vivirán	Juan 14:19b
– Son salvos por pura generosidad	Efesios 2:5
– Dios tiene misericordia de ti	Isaías 54
– El que tiene misericordia de ti	Isaías 54
– Mi esperanza eres tú	Salmo 39:38
– ¡Bástate mi gracia!	2 corintios 12:9
– Nos ha nacido un Salvador	Lucas 2:11
– ¿Podrá Dios poner mesa en el desierto?	Salmo 78:19
– La fe ofrece lo mejor a Dios	Hebreos 11:1-4
– Mi poder se perfecciona en tu debilidad	2 Corintios 12:9
– Cómo tomar decisiones sabias	Salmo 25:4-5
– Andemos como hijos de luz	Efesios 5.8
– Cuando creemos, agradamos a Dios	Hebreos 11:6
– Cristo vino para cambiar tu historia	Gá. 4:4; Lc. 19:10
– Qué hacer cuando no hay gozo	Stg. 5:13; Jn. 15:11
– Tres hábitos que nos traen paz	Fil. 4: 4-8
– Los pasos que conducen a pecar	Stg. 1:12-15
– Quienes retroceden pierden	He. 10:38-39

Lutero, el gran reformador, también fue un predicador extraordinario. Sus sermones eran casi todos expositivos, con títulos dinámicos y acertados de acuerdo a los textos escogidos[3]. He aquí los nombres de algunos de ellos:

– Un niño nos es nacido	Is. 9:2-6
– Nos es necesario nacer de nuevo	Jn. 3:1-16
– La iglesia es tentada por Satanás	Mt. 4:1-11
– El cristiano se aferra a la Palabra de Dios	Mt. 15:21-28
– Cristo instituye el bautismo	Mt. 3:3-17
– Cristo nos salva de la muerte y del juicio	Lc. 7:11-17
– Dios manifiesta a los cristianos su gloria	Tit. 2:11-14

¿Se dan cuenta de la gran diferencia de estos títulos de sermones, con los títulos de sermones criticados anteriormente?

En los títulos que sugerimos en unas líneas atrás comprobamos que es posible elaborar títulos cortos, claros, vivenciales, muy significativos, para cautivar la mente y el corazón de la audiencia.

Así como un libro se vende, en alguna medida, por el título y la portada, el sermón se recibe alegremente al escuchar una buena introducción y un título activo que apele a los oyentes. Por ello no escatime tiempo, ni esfuerzo, en pensar muy bien el título de su sermón. Si al final las personas recuerdan tan solo el título que encierra la esencia de la verdad principal, ha logrado mucho. Por ejemplo, si recuerdan el título del sermón: «Mi misericordia no se apartará de ti», también recordarán que aún lo más estable, como las montañas, se puede mover o derrumbar, y los cerros pueden temblar. Todo se puede venir abajo, pero lo que no se derrumbará es la misericordia del Señor para ellos. «Mi misericordia no se apartará de ti»: Isaías 54:10 (RV60). «Porque los montes se moverán, y los collados temblarán, pero no se apartará de ti mi misericordia, ni el pacto de mi paz se quebrantará, dijo Jehová, el que tiene misericordia de ti».

Recuerdo que en varias ocasiones se han acercado hermanos en la fe y me han dicho con agradecimiento que recuerdan el nombre de la predicación con la que se convirtieron. Uno de ellos, hoy pastor activo, me expresó: Pastor, hace quince años el Señor me salvó cuando usted predicó sobre el tema: «Bástate mi gracia». El título del sermón lo saqué del mismo texto. Pablo rogó tres veces al Señor que lo sanara. El Señor le explicó por qué no lo iba a sanar y le dijo: «Bástate mi gracia» y agregó otra poderosa verdad espiritual: «porque mi poder se perfecciona en la debilidad».

---

3. Para leer varios de sus sermones consulte la obra *Martín Lutero, Sermones. Predicador de Witteenberg* (versión castellana de Erich Sexauer), Editorial Concordia, Buenos Aires 2007.

Son consistentes

Son estables porque se sustentan sobre fundamentos bíblicos, exegéticos, hermenéuticos, vivenciales, espirituales.

Se atienen a la revelación de Dios en Cristo plasmada en la Escritura, anunciando lo que ésta dice.

Son proporcionados

Son simétricos en extensión, contenido, estructura, belleza. Contienen una introducción y conclusión destacadas, el cuerpo del mensaje bien desarrollado en base al pasaje o textos bíblicos.

Destacan las verdades eternas

Presentan con pasión y claridad las verdades centrales del pasaje. No se pierden en temas secundarios, terciarios, ni en aspectos culturales. Tampoco usan el texto solo como punto de partida, sino de camino y de llegada.

Son personales

Los sermones que llegan al corazón de los oyentes son los que contienen un mensaje personalizado. No argumentan sobre asuntos abstractos. Tampoco son conferencias que trasladan información fría, que no motivan humanamente, sino que proclaman la buena noticia que sacude e interpela al oyente para que dé una respuesta de fe o de rechazo. No dejan en los oyentes la sensación de ser solo espectadores. Los invitan de manera personal a que den una respuesta positiva y de acción que los conduzca al arrepentimiento, a la salvación y hacia una vida edificada.

Aplican las verdades a sus oyentes

No se quedan en la narración y la interpretación de lo que quiso decir el autor. Aplican las verdades universales del evangelio del reino a las situaciones trascendentes de los oyentes, a los aspectos de la vida diaria del cristiano en medio de un mundo perverso.

Son bíblicos

Los sermones que se convierten en extraordinarios son aquellos que se elaboran, desde el título hasta la conclusión, sobre el hilo conductor del fundamento bíblico, su significado y la aplicación a cada uno de los oyentes. Lo que salva y transforma es el mensaje de La Palabra.

Son vivenciales

El sermón extraordinario es el que transmite la vida que se encuentra en la Escritura y la aplica al hombre de hoy. Es el que toca el corazón y no se centra solo en la erudición e información. La predicación no es para endulzar el oído, sino para transformar las vidas con el cambio de mentalidad y de comportamiento.

Son equilibrados

Proclaman el evangelio y edifican con enseñanzas importantes para la salvación y la vida espiritual. No despiertan la curiosidad con nimiedades como «el significado de los cascos de los caballos de los cuatro jinetes del apocalipsis», «el significado espiritual de las cinco piedras que recogió David para pelear contra Goliat», «El significado de las 700 esposas y las 300 concubinas de Salomón». No se detienen a explicar demasiadas sutilezas de cada una de las palabras del pasaje escogido, con el ánimo de impresionar y satisfacer el intelecto de los oyentes. Tampoco se van al extremo de predicar solo experiencias, dejando por un lado la Escritura.

Los sermones equilibrados contienen doctrina y experiencia, palabra y poder, conocimiento e intuición del Espíritu, apelan al intelecto, pero no eliminan el sentimiento ni la emoción. Empalman la hermenéutica de la experiencia, subordinándola al texto bíblico correctamente interpretado sin prejuicios dogmáticos y denominacionales. La hermenéutica de la experiencia, no solo comprueba la doctrina, sino que la hace más clara y viva. Cuando es recibida conducen a la transformación y la edificación.

Son como un rayo láser, no como una bombilla

El sermón debe ser como un láser que da en un blanco, no como la bombilla que esparce luz. Este tipo de sermón va dirigido hacia un fin en particular. Cuando un sermón carece de unidad es posible que algunas frases sueltas tengan cierto efecto en la mente de algunos, pero el sermón como tal probablemente no será muy eficaz.

Es mejor explicar bien un solo pasaje o texto que impacte a los oyentes y no lanzar muchos textos a semejanza del escopetazo que lanza muchos perdigones. No daremos en el blanco y confundiremos a nuestra audiencia.

El sermón efectivo a semejanza también de una bala se puede comparar con la estocada que lanzan los toreros hacia su toro. Es interesante ver que el vocablo sermón significa conversación, palabra entablada entre uno y otro, pero se deriva de la raíz del verbo *serere* que significa: Ensartar, entretejer, encadenar. Así, el sermón debe ser también como una estocada santa al corazón de los oyentes.

Son pertinentes

Tienen un valor práctico, de actualidad. Son oportunos a las situaciones que viven y rodean a los oyentes; a los desafíos y males de la época, dando respuestas que emanan de las Escrituras. No se ocupan de las especulaciones, ni de las controversias teológicas. Responden de manera precisa a las necesidades espirituales, almáticas, emocionales, físicas y materiales de las personas.

Son prudentes con el texto

Todos los predicadores sabemos que existen textos difíciles de entender y explicar. Nos hemos topado con ellos. Por más que los leemos, meditamos, examinamos, no arrojan mucha luz. En estos casos, lo usual es ir a los comentarios y libros especializados para que nos orienten. Pero en la mayoría encontramos respuestas e interpretaciones tan variadas que la enseñanza resultaría incierta. Los exégetas y comentaristas honestos reconocen el alto grado de dificultad en dichos pasajes. Otros pasan de largo. Ante tal situación, la prudencia del predicador es importante para decidir qué información técnica debe incluir en el sermón, y si la puede explicar de manera sencilla, si eso no es posible, es mejor no compartirla (Liefeld, 1984).

Es una acción temeraria llevar ante la congregación sermones con información controvertida e incierta, y menos aún que el predicador ventile sus propias dudas. Los oyentes necesitan escuchar sermones certeros, no enseñanzas que los empuje a la sombra de la incertidumbre.

Si después de estudiar e investigar diligentemente, todavía no comprendemos ciertos textos o pasajes, aceptémoslo con humildad. Seamos honestos al responder cuando algún miembro de la iglesia nos pregunte después del culto o en una cita pastoral sobre pasajes que no entendieron bien. El gran Juan Calvino, el exégeta y teólogo más sistemático de la Reforma Protestante, comentó varios libros y cartas de la Biblia, pero no comentó el libro de Apocalipsis. Cuando le preguntaron la razón, él respondió: «No lo entiendo».

Son conmovedores

Todo sermón que no apele al intelecto, no toque el espíritu, no mueva a la acción y no conmueva el corazón de la audiencia es un sermón muerto.

El predicador debe trazar un paralelo entre las circunstancias y principios del contenido del texto y las realidades actuales de los oyentes, para que los mismos principios enseñados que conmovieron a los primeros oyentes, conmuevan a los oyentes actuales. Un ejemplo clásico es el de la predicación que impartió Esdras. Obtuvo un resultado inmediato: Los oyentes comenzaron a llorar y luego todo el pueblo fue a compartir con los demás, a gozarse, a poner en práctica lo que oyeron (Nehemías 8: 9, 10, 12).

4

Acciones importantes para elaborar un sermón destacado

Tome en cuenta las realidades actuales de su entorno

Spurgeon afirmó que el predicador debe estar bien enterado de los males de la época. Barth dijo que el predicador debe sostener «en una mano la Biblia y los periódicos en la otra» a la hora de elaborar el sermón. Ambos coincidieron en que los que somos llamados al ministerio de la Palabra, seamos conscientes de las realidades culturales, sociales y políticas que nos rodean, para dar una respuesta bíblica a los desafíos y acontecimientos, dentro de esos contornos.

Analice el contexto donde predica

Tenga presente el contexto de la Biblia y el contexto en el cual predica. Si le han invitado a predicar en otro país sea muy prudente. No es lo mismo predicar en un pueblo rural de Latinoamérica que en la ciudad de New york, o en Madrid, así como ni siquiera dentro del mismo contexto de todos los hispanoparlantes latinoamericanos y los que residen en Estados Unidos. Tenemos hábitos alimenticios, sociales y culturales diferentes. También existen matices en nuestro idioma: «Está claro que en el caso de los hispanos tenemos un mismo trasfondo cultural, pero es variado, complejo, que encajen dentro de lo que se llaman subculturas y que reflejen la diversidad de países de origen» (González, Jiménez, 2005). Por ello el predicador debe ser cuidadoso con los ejemplos y anécdotas que comparte y asegurarse que sean comprensibles para esas comunidades.

Pero recuerde, si se atiene al texto, el contexto bíblico y el contexto donde predica darán respuesta a las necesidades, sufrimientos, miedos y males que agobian a los fieles. Dará en el blanco. Habrá una respuesta de fe y esperanza para los creyentes y una nueva vida para los inconversos que crean en el mensaje.

Recuerde que sus oyentes son personas necesitadas

Su audiencia son seres humanos de carne y hueso. No son una masa. Todos están necesitados de Dios. Precisan encontrar el sentido de su existencia. El ser humano nace con un vacío que solo puede ser llenado por Cristo. Fue creado para amar a Dios y ser amados por él, como afirmó Agustín de Hipona. Necesita saber que sirve para algo en esta vida, que es el resultado de un diseño inteligente, de un plan de bien, no del azar.

El predicador debe ser consciente de que el ser humano es un ser doliente. Primero, porque nace siendo pecador. Segundo, porque transgrede los mandamientos de Dios consciente o inconscientemente y eso le produce culpabilidad. Por ello, teme desde los asuntos más pequeños hasta las realidades últimas como la enfermedad, la vejez y la muerte. Pero no sabe cómo enfrentar el temor y el sufrimiento. Si el predicador tiene claras esas realidades, comprenderá la importancia de anunciar las buenas noticias de salvación del reino de Dios con misericordia, ternura, amor.

5

Pasos para elaborar un sermón extraordinario

Existen varios modos en el orden de elaborar sermones, así como el número de autores. Están descritos en varios libros y manuales de Homilética. No los abordaré. Baste decir que la manera que propongo, paso a paso, me ha ayudado a elaborar mejores sermones, a ser más efectivo para que las personas se salven y los convertidos se equipen. No estoy diciendo que es el mejor método. Contiene elementos esenciales de los otros. No se puede generalizar «Todos los métodos... ningún método». ¡No! Como dice el refrán: «Cada uno tiene su modo de matar pulgas», eso sí, unos son más eficientes que otros.

Ore

La oración y la teología; la oración y el estudio de la Biblia; la oración y la elaboración de los sermones deben ir de la mano. Porque el mensaje que se predica es un mensaje divino con palabras humanas y para seres humanos. Depende de la guía del Espíritu Santo y la diligencia del predicador. Hay que orar de rodillas para pedir dirección, de lo contrario es ponerse encima del texto arbitrariamente, para apoyar las propias opiniones. La oración ayuda a percibir la dirección del Espíritu para encontrar el mensaje oportuno y para impedir que el predicador sujete el texto con camisa de fuerza, para decir algo que no dice, ni que lo utilice para corregir conductas, si el texto no lo enseña. El texto es el que se impone.

Lea y medite diariamente en la Escritura

Esto le mantendrá nutrido. El Espíritu de Dios le hará resaltar libros, cartas, capítulos, pasajes, párrafos, versículos y frases, sobre las cuales podrá iniciar el proceso de elaboración del sermón. Tengo varias biblias de letra grande sin notas, para que no me sesguen los comentarios que traen. Las he leído varias veces. Cada vez que encuentro algo que de pronto resalta, me asombra, me emociona, me cautiva, no escribo ninguna anotación en ellas, voy rápido a mi archivo de notas para colocar el posible tema o título del sermón. Eso me ha facilitado mucho abastecer mi banco de datos de sermones en potencia.

Lea el texto

Comience leyendo de manera natural el texto. Palabra por palabra, frase por frase, oración por oración. Allí está el material fundamental para nuestro sermón. Hay pasajes que los entendemos mejor con solo leer bien, «poniendo sentido a la Escritura». Muchos de ellos no necesitan una interpretación si leemos correctamente. Leer el texto en los originales griegos es una gran ventaja, pero si no podemos hacerlo, leamos varias traducciones. Hoy están a la disposición decenas de excelentes versiones de la Biblia en español e inglés.

Recomiendo a mis estudiantes del Seminario Bíblico Teológico de Guatemala, y a quienes les predico regularmente en la congregación, que adquieran tres Biblias: Una de letra mediana o grande, sin títulos ni subtítulos, ni estudios, que contenga solo la separación de los capítulos. Y que la lean diariamente, que no hagan anotaciones cuando comiencen a estudiar el texto para profundizar en alguna doctrina o para predicar la Biblia. El propósito es que cuando vuelvan a leer esta Biblia no tengan ninguna inclinación sobre lecturas anteriores o las notas de estudio que nos obliguen a ver los mismos puntos anotados, sino que descubramos siempre algo nuevo. Al encontrar el tema, el principio espiritual destacado y las demás verdades, las anotamos en nuestra computadora o dispositivo. La segunda Biblia es de estudio. La usamos para conocer un poco más sobre los pasajes de manera práctica, pero sobre todo para escribir nuestras propias anotaciones sobre doctrinas o tópicos para buscar el apoyo después de haber terminado nuestro bosquejo completo. La tercera Biblia es de bolsillo. La usamos en reuniones de los hogares, funerales, bodas, visitas pastorales.

Si alguien prefiere, puede portar la Biblia solo con la separación de versículos y la Biblia de estudio en su ordenador. La Biblia pequeña puede llevarla en su dispositivo móvil. Sugiero que, como ministros, llevemos siempre una Biblia impresa.

Al final, podemos ayudarnos con diccionarios, concordancias, que explican en nuestros idiomas las palabras en griego y hebreo.

Elija el texto y el tema

Elegir el tema es unos de los asuntos más importantes. Si este no es el indicado y carece de interés para la audiencia, el sermón ha fracasado por anticipado.

El tema no debe abordarse necesariamente con una idea preconcebida, porque entonces se corre el riesgo de que el texto se acomode a los pensamientos del predicador. Es al revés. Los pensamientos deben brotar del texto. De allí la importancia de orar, leer, meditar y estudiar de manera sostenida las Sagradas Escrituras. Pero es correcta la opinión de Vila, que sugiere que el tema y el texto se pueden encontrar al observar necesidades en las personas, leyendo sermones de otros predicadores, descubriendo la falta de conocimiento de los fieles en las visitas pastorales, observando las circunstancias, pidiéndolos en oración (Vila, 1990).

Siempre es mejor partir del texto porque el mensaje de la Biblia siempre será un mensaje pertinente para los hombres de todas las generaciones. Los pecados y el corazón del hombre no mejoran con el tiempo. Son los mismos. Las tentaciones, los malos deseos, solo cambian de traje y esperan su oportunidad. También he comprobado que muy pocas veces un sermón potente surge de la lectura de un pensamiento extraído de un libro.

Cuando le preguntaron al prominente predicador Carlos Spurgeon, cómo obtener el tema del Sermón, respondió: «Pedidlo a Dios». Creo que es verdad. Hay que depender completamente de Dios, pero tenemos que realizar nuestra parte. Spurgeon pedía en oración el tema del sermón, pero recordemos que pasaba horas y horas leyendo la Biblia para encontrar el texto y el tema. Además, leía seis libros por semana. Su Biblioteca personal, hace casi doscientos años, estaba formada por doce mil libros (Spurgeon, 1981).

Así las cosas, un sermón potente es el resultado de oración y lectura, oración y estudio, oración e investigación.

A todos los predicadores nos ha sucedido en algunas ocasiones que no encontramos rápido el texto y el tema del sermón. La explicación más sencilla para entender por qué a veces es difícil encontrar el texto y el tema es que «no es que no haya suficiente material en la Biblia, al contrario, es tanto el material donde escoger que nos es difícil decidirnos». Por ello, en algunas ocasiones tenemos que trabajar horas y horas, como cuando se cava profundo, y no se encuentra nada. Sufrimos porque no aparece la porción, capítulo o versículos adecuados para las necesidades y retos que enfrenta la congregación. En estos casos aconsejo que no desmayemos yendo rápido a buscar en libros de sermones, o sermones en formato digital. Sigamos leyendo la Biblia, finalmente, encontraremos el texto, y lo sabremos porque se apoderará la paz y la certeza de todo nuestro ser, como señal de que ese es el texto y tema apropiados. A partir de ahí no tendremos duda de que Dios hablará a su pueblo a través del pasaje exacto. Cuando no sucumbimos en el desánimo y perseveramos encontramos «tesoros» de gran precio para elaborar sermones destacados.

Otras veces el sermón viene como un regalo. En palabras de Spurgeon: «Cuando un texto nos da un cordial abrazo, no debemos de buscar más lejos». «Cuando un texto se apoderaba de mí, yo encontraba el sermón» (Spurgeon, 1981).

A mí me acontece algo parecido algunas veces, sin leer mucho, de pronto me salta inmediatamente la verdad que me cautiva para comenzar el proceso del sermón. Ya no busco más. Ese es el pasaje sobre el que construyo el sermón. Los resultados son extraordinarios.

Por eso afirmo que, después de muchos años, conozco la diferencia entre un sermón fraguado en medio de la oración, la lectura, la meditación de la palabra de Dios y la búsqueda vehemente, y el sermón que se origina a la ligera tomando cualquier otro tipo de ayuda. No estoy diciendo que no leo libros de sermones de otros predicadores, ni bosquejo en Internet, claro que sí, me dan ideas, sugerencias, nuevas perspectivas. Pero ya no cometo el error del pasado cuando predicaba ocasionalmente un sermón completo de otro predicador y no ocurría nada sorprendente.

La elección del texto en ocasiones especiales debe ser cuidadosa. Podemos echar a perder la oportunidad y el ambiente si no somos acertados. En ocasión de una boda escuché a un predicador anunciar el tema del sermón: «La puerta estrecha y el camino angosto». En otra ocasión en la que se estaba dando la bienvenida al nuevo pastor y despidiendo al que había sido el pastor de la iglesia, escuché a un predicador de muchos años anunciar el tema: «Moisés ha muerto, ahora le toca a Josué». Leí cómo otros predicadores escogieron temas para ocasiones singulares: En una reunión de abogados y jueces el predicador tituló su mensaje: «Juzgad con justo juicio». Un predicador conocido que visitaba un país por tercera vez para predicar confesó haber titulado su mensaje: «Voy por tercera vez a ustedes». En el funeral de un hombre connotado el predicador inspirado en el texto de 2 Reyes 13:14, tituló el mensaje: «Estaba enfermo y murió». Aunque nos cueste creer, eso sucede hoy.

Identifique la verdad central

En esta etapa realice la tarea sin ninguna herramienta más que la observación del texto. Hágalo con mucho detenimiento. El propósito es encontrar las verdades o principios espirituales y prácticos que se aplican en cualquier parte del mundo y en cualquier época. Conforme a esa verdad o principio desarrolle su sermón en el orden natural en que se encuentra en el texto, o en un orden más lógico, entendible para los oyentes.

Una de las formas que ayuda a identificar la verdad central, es diferenciar las afirmaciones, sentencias o declaraciones y las explicaciones de estas. Toda explicación está subordinada al tema principal. Y casi siempre el tema es, o está conectado a la verdad o principio universal del evangelio. El tema central es como el tronco de un árbol, las explicaciones primordiales son como las ramas y las explicaciones secundarias como las hojas. Veamos un ejemplo:

Romanos 5:1

«Justificados, pues, por la fe, tenemos paz para con Dios, por medio de nuestro Señor Jesucristo» (RV60).

En este pasaje

Tema central: Justificados, pues, por la fe,
Explicación: tenemos paz para con Dios
Explicación: por medio de nuestro Señor Jesucristo

Podría escribirse así en un orden más lógico:

Tema central: Justificados, pues, por la fe,
Explicación: por medio de nuestro Señor Jesucristo
Explicación: tenemos paz para con Dios

No estoy diciendo que Jesucristo es un tema secundario, no. Todo parte de él y finaliza con él. Toda la teología es cristología. Lo que estoy diciendo es que, en este pasaje, Pablo está afirmando en primer lugar que la «Justificación del hombre acontece por la fe». Es la verdad central. Y en el orden lógico divino eso es posible solo por medio de Jesucristo, y que, al estar justificado por la fe, en Jesucristo, tenemos paz con Dios.

No tendría sentido predicar sobre el tema «La paz de Dios» o «Jesucristo es todo». Sí podríamos predicar sobre un tema secundario como este: ¿Cómo tenemos paz con Dios? y el mismo versículo nos daría la respuesta. Pero de acuerdo a como está escrito el pasaje, el tema principal gira alrededor de la «Justificación». El título podría formularse así ¿Cómo se justifica el hombre ante Dios? o ¿Cómo justifica Dios al hombre? o «¿Cómo Dios puede hacerte justo?», o de una vez en forma de proposición «Somos justificados por la fe».

Pero hay predicadores que piensan que en este versículo podrían predicar por separado sobre cinco temas: La justificación, la fe, la paz, Dios, Jesucristo. Semejante acto sería como cortar las hojas de las ramas, y las ramas del tronco para explicar por separado cada una de estas partes, perdiendo de vista el árbol. Eso es descuartizar el texto. Si su sermón no está basado en la verdad central, también corre el riesgo de trasladar pura historia, predicar prácticas religiosas y formas culturales que no vienen al caso.

Después de encontrar la verdad central y las verdades secundarias con sus respectivas explicaciones, proceda a estructurar el sermón. Aquí estamos hablando del orden de la elaboración del sermón, no de su presentación.

Pero en el orden de presentación es necesario que las verdades se suministren de manera ascendente: Primero, las verdades menores, luego las intermedias, hasta llegar al clímax con la verdad más importante. Es buena la sugerencia de Spurgeon de colocar en el debido orden las verdades del sermón, no poniendo primero las verdades de mayor importancia, y por último las inferiores a semejanza de un anticlímax.

Defina el propósito

Cuando usted ha identificado la verdad central, le será fácil definir el propósito que regirá el sermón: de conversón o de edificación y equipamiento a los creyentes.

Así, si deseamos motivar una conversión, un cambio de conducta o la edificación de quienes lo escuchan, debemos centrarnos. Esto nos ayudará a delimitar el alcance del sermón y darle dirección, evitando incluir temas secundarios que no ayuden al propósito.

Estudie el texto

Una vez elegido el texto, habiendo encontrado el tema y las verdades esenciales, viene la gran tarea de adentrarse en el texto con todo, desde distintas perspectivas. Es una santa obligación conocer el trasfondo histórico, elaborar la exégesis y una correcta hermenéutica, conocer la estructura, las palabras clave y sus significados, son asuntos que no deben ignorarse. Esta tarea la realizamos con las herramientas que proporcionan las Ciencias Bíblicas, en léxicos, libros especializados, comentarios a los textos en griego o hebreo, diccionarios bíblicos, concordancias, comentarios bíblicos en idiomas modernos, etc.

Usted no tiene que ser un biblista, pero sí alguien que sabe qué buscar, dónde buscar, entenderlo y aplicarlo de manera comprensible en sus sermones.

Analice el texto

Examine el texto palabra por palabra, frase por frase, oración por oración, sí, analizando cada fragmento. Así detectamos el tema principal sobre el que habla el texto, el propósito del pasaje, las partes secundarias del pasaje como lugares, aldeas, ciudades, caminos, personajes, sus acciones y emociones, todo lo que el texto nos puede aportar en sentido primario y secundario.

Esforcémonos por encontrar la verdad o el principio universal del pasaje: de manera directa, por inferencia o por lo que el mismo texto sugiere. Sobre este debe girar todo el sermón. Es adecuado conocer el contexto histórico, cultural en el que surge dicho principio, pero, en general, aporta poco para la aplicación a todos los incrédulos y cristianos de todos los tiempos.

En unos pocos pasajes se encuentran dos, tres o más verdades importantes. En estos casos hay que optar por uno, no es necesario elaborar el sermón en base a todos.

Estudie el contexto del texto escogido

El contexto es la naturaleza literal, histórica y gramatical de un pasaje, la estructura del libro, el capítulo, el pasaje, el o los versículos.

a) Implica leer el sentido literal del texto, procurando entender lo que dice de manera natural.

b) Comprender los eventos históricos imperantes cuando se escribió el texto.

c) Identificar a quién fue dirigido primeramente y cómo fue entendido en ese tiempo.

d) Analizar y relacionar las palabras y frases inmediatas dentro de las que se encuentra el texto.

e) Leer los versículos, capítulos anteriores y posteriores al texto escogido y el libro o carta completos.

f) Tener presente si el texto se encuentra en el Antiguo o el Nuevo Testamento, compararlo con otras partes de la Escritura, y si cabe, conocer la interpretación más completa a la luz de toda la Biblia.

Interprete el texto

Aquí entran en escena la hermenéutica y la exégesis –algunos eruditos las consideran hermanas y otros la consideran en esencia lo mismo– de las cuales el predicador echa mano, esforzándose por interpretar y explicar el significado de lo que el autor quiso decir en el texto y qué nos dice a nosotros hoy.

La hermenéutica, en general tiene como propósito la correcta interpretación de la Escritura. Provee los principios sobre los que se basa dicha interpretación. El objetivo de la exégesis significa «extraer el significado de un texto específico»[4]. Los pasos del proceso exegético generalmente aceptado son:

a) Análisis de las palabras destacadas en el texto en cuanto a la traducción.
b) Investigación del contexto histórico y cultural en el que se escribió el texto.
c) Fijar los límites de un pasaje, encontrar el significado de lo que quiso decir el autor del texto.

Así, es necesario que los predicadores se apoyen con los materiales escritos por los eruditos en exégesis y hermenéutica, pero su responsabilidad es aplicarlo correctamente en la situación contemporánea. La vinculación del significado del texto de ayer con la realidad del oyente de hoy es prioridad en los sermones extraordinarios. A estas alturas estamos en la capacidad de responder a la pregunta ¿qué quiso decir el autor? ¿Qué nos dice el texto a nosotros hoy? Y, ¿cuál es la intención que tenemos al predicar este sermón?

Explique el texto

Decir, explicar y comunicar de la mejor manera la Escritura, constituye la esencia del sermón, así como descubrir las verdades eternas para aplicarlas a la vida de las personas de todas las épocas. No es predicar sobre la Escritura, sino extraer de ella el mensaje para las necesidades espirituales de conversión y edificación. No hemos sido llamados a predicar moralismos, filosofía, metafísica, superación personal, sino el sencillo y poderoso evangelio.

Esfuércese en extraer de la Escritura lo que hay en ella. No agregue lo que piensa que dice, pero no aparece por ninguna parte del texto. ¡Mucho cuidado con las sutilezas y las inferencias!

Contextualice las verdades universales

Las verdades de la Biblia para que sean entendidas y recibidas por los oyentes de todas las épocas y naciones deben ser correctamente aplicables a su realidad. Ilustremos: El quinto mandamiento dado por Dios al pueblo por medio de Moisés, retomado y ampliado en su explicación por Jesús: «Honrarás a tu padre y a tu madre, para que tu vida se alargue en la tierra que yo, el Señor tu Dios, te doy» (Éxodo 20:12, RVC) es un mandamiento

4. Exégesis, es ver el texto objetivamente, mientras que la eiségesis implica una visión más subjetiva. La exégesis se contrasta con la eiségesis que significa «introducir las interpretaciones personales en un texto» (V. A., Ed., Turnbull, 1992).

universal, pero se entiende de manera diferente en los países europeos, los Estados Unidos de América y los países de Centroamérica. Por ejemplo, para los centroamericanos es injusto, humillante e inhumano honrar a sus padres, en la tercera edad, confinándolos en un asilo de ancianos. Pero en los otros países mencionados el honrar a sus padres, en esa edad, es precisamente lo contrario. Para ellos es deshonroso tener a sus padres en una habitación de su casa abandonados, desatendidos, en peligro. Para ellos honrar a sus padres significa llevarlos a un lugar donde encontrarán compañerismo, atención médica, juegos, y otras actividades sociales afines a sus necesidades.

Aplique las verdades del mensaje

Es aquí donde fallan mayormente los predicadores. Sus sermones no responden a los desafíos del texto de la vida. La congregación necesita conocer los pasos a seguir al salir del santuario para ponerlos en práctica durante la semana. Las aplicaciones escasean en la mayoría de sermones académicos o tradicionales. Lo que necesita la congregación es ser guiada paso a paso. Es interesante ver cómo Calvino notó la importancia de la aplicación de las predicaciones: «Mi regla es siempre esta: que aquellos que me oigan se beneficien de la enseñanza que presente... si no tengo ese efecto, y no procuro la edificación de aquellos que me oyen soy un sacrilegio, profanando La Palabra de Dios».

El texto fue escrito dentro del contexto de una carta o libro que hace referencias a un tiempo, a una situación y a una historia concretas. La Escritura nos enseña por el ejemplo, el precepto y por el principio de verdad universal que contiene. Los dos primeros los aplicamos en nuestro contexto y el tercero lo enseñamos como una verdad eterna que trasciende épocas y culturas. Recordemos que un sermón extraordinario es el que hacer oír la voz de Dios al hombre de hoy, se actualiza, se hace vida la Palabra de Dios que fue dada a los primeros testigos, pronunciada y escrita por los profetas y apóstoles, pero que es pertinente hoy.

Arrastia, acierta al afirmar que los sermones corren el riesgo de convertirse en una estructura rígida y pobre, sin una conexión existencial. Son como una camisa de fuerza que sujetan al mensaje divino. Siguen el modelo del discurso persuasivo griego, más que el modelo judeocristiano de la explicación de los hechos de Dios que demandan una respuesta de fe de quienes los escuchan. Contienen poca aplicación. Él sugiere que el sermón debe ceñirse al mensaje divino y no a la inversa. Es necesario que comparta la verdad extraída de la Palabra de Dios, intercalando entre cada trozo explicado, reflexiones que se apliquen a las mujeres y los hombres que lo escuchan. Debe ir de la mano «el texto de la Biblia con el texto de la vida». Los oyentes deben verse retratados en el sermón que escuchan (Arrastia, 1993).

El puro conocimiento sin aplicación, acaba en orgullo: «El conocimiento envanece, el amor edifica». Si uno tiene conocimiento de lo que hay que hacer, pero no lo aplica es pecado. Jesús dijo: «Aquel que oye mi palabra y no la obedece lo compararé a un hombre insensato...».

Las cartas y libros del Nuevo Testamento contienen doctrina, pero también un alto porcentaje de instrucción para aplicación, además de relatos, hechos e historias. Ese es el ejemplo que debemos seguir en la preparación de nuestros sermones.

Hace algunos años prediqué una serie de treinta y cinco sermones sobre la Carta a los Romanos y lo titulé: *Perlas y Diamantes en la Carta a los Romanos, una carta de ayer para el mundo de Hoy*. Haciendo énfasis en que la doctrina enseñada allí hace casi dos mil años, es aplicable hoy a nuestras vidas.

Prediqué una serie de treinta sermones sobre la primera Carta a los Corintios, la titulé: *«Corrigiendo el error y el desorden moral, un estudio de la primera Carta a los Corintios»*.

Estoy de acuerdo con algunos estudiosos que afirman que esa carta contiene aproximadamente un treinta por ciento de doctrina y un setenta por ciento de instrucciones de aplicación para la ética cristiana.

Prediqué otra serie sobre la carta de Santiago. Toda la carta contiene instrucciones sobre la vida práctica del cristiano. Describe brevemente algunos principios doctrinales y el resto de la Escritura son instrucciones para aplicación.

Elabore las divisiones principales del sermón en base al texto

Estas deben ser extraídas del texto, pero elaboradas de tal manera que sean fáciles de recordar. Vale la pena que se esfuerce en elaborar bien las divisiones. Es acertado que cada una de ellas tenga enlace con el tema central, en un orden lógico.

La meta del predicador es que la congregación recuerde, por lo menos, el título, las dos, tres o cuatro divisiones principales del sermón. No tienen que ser tres obligadamente, hay pasajes que dan para más. El colocar muchas divisiones y subdivisiones resulta pesado para los oyentes. A menos que se entregue a la congregación un bosquejo completo impreso, entonces, les será de utilidad. Serviría menos que oyeran un sermón titulado «21 pasos para triunfar» o «diez reglas para crecer espiritualmente» con dos subpuntos cada uno, recibiendo una avalancha de información y que al final no recuerden ni siquiera los dos o tres primeros pasos o las dos o tres primeras reglas y que retengan solo palabras y pensamientos sueltos.

La manera más efectiva de elaborar las divisiones es a partir de las ideas que se originan del mismo texto y en el orden natural en que se encuentra. Pero es difícil encontrar muchos pasajes dispuestos de esa manera. Los predicadores debemos ser flexibles y elaborarlas de forma distinta: por inferencia, por lógica, por intuición, sin distanciarnos del texto. En algunas ocasiones conviene armar las divisiones en un orden más lógico para la mente de la audiencia, ordenando las divisiones principales no de acuerdo al desarrollo del texto. Algunos autores le llaman a esta modalidad síntesis elemental. Veamos el siguiente ejemplo tomado de un libro de Homilética:

Texto: Jeremías 31:31-34

Tema: Las bendiciones superiores del Nuevo Pacto

    I. El Nuevo Pacto nos bendice con un conocimiento personal de Dios.
    II. El Nuevo Pacto nos bendice con un verdadero perdón de todos nuestros pecados.
    III. El Nuevo Pacto nos bendice con una santidad efectiva en nuestra vida diaria.

En el texto, el orden de las partes es: (1) santidad; (2) conocimiento; y (3) perdón. Se ha cambiado este orden por el que aparece en el sermón –desarrollo textual analítico– con el fin de seguir el orden lógico de la experiencia cristiana (Crane, 1985).

Aunque estamos abordando el asunto de las divisiones, de paso expreso que, según mi criterio, el título de este sermón hubiese quedado mejor así: «Cómo nos bendice el Nuevo Pacto» o «¿De qué manera nos bendice el Nuevo Pacto?», porque las tres divisiones del autor contienen la expresión: «El Nuevo Pacto nos bendice con...». Así quedaría personalizado, con un verbo, y sería más específico y no general como «Las bendiciones superiores del Nuevo Pacto».

Ilustre sus sermones

El arte de ilustrar sermones se tiene que aprender y cultivar. No es nada fácil. No se reduce a memorizar una media docena de anécdotas, unos cuantos chistes, y otros cuentos. Consiste en dar iluminación para el entendimiento de las verdades que estamos predicando por medio de hechos, imágenes, historias, adagios, refranes, proverbios, comparaciones, metáforas, analogías, parábolas, anécdotas, incidentes, imágenes audiovisuales, que refuercen lo predicado, que lo amplíen (Thompson, 2001).

Hay varias fuentes de las que se pueden tomar las ilustraciones, aparte de las que mencioné: Experiencias personales, biografías, revistas, periódicos, devocionales, libros de ilustraciones, himnarios, sermones de otros predicadores, de la tecnología, los descubrimientos diversos, de la naturaleza, de la observación espontánea y analítica, la invención pura, la ciencia, la historia, la literatura y el arte (Broadus, 1985).

Las ilustraciones deben estar conectadas de tal manera que se graben en las mentes las verdades del mensaje y no se conviertan en interrupciones, distractores o paréntesis. Recordemos que las ilustraciones son «como las ventanas de una casa, no la sostienen como los cimientos, columnas y vigas, pero dan claridad», ayudan a convencer, motivan y hacen que recuerden el sermón.

Si no encuentra la ilustración exacta para cada división del cuerpo del mensaje, mejor no use ninguna. Sí, porque el insertar ilustraciones que no concuerdan, solo por llenar un requisito, es contraproducente.

Las ilustraciones pertinentes son una buena herramienta para que los sermones sean destacados. Una predicación con ilustraciones acordes a las verdades centrales del mensaje se afianza en la mente y los corazones de los oyentes. Es una tarea ardua encontrar la ilustración exacta para cada verdad. Pero el predicador que lee mucho, es observador, anota, es organizado, sacará de su reserva de ilustraciones que vienen como miel sobre hojuelas a cada sermón.

Un ejemplo: Si el tema de nuestra predicación es el crecimiento espiritual normal, fuerte, podríamos usar la imagen del árbol de cedro: por su firmeza, su altura, abundantes ramas, olor agradable, su preciada madera. Y por contraste podríamos usar la imagen del árbol bonsái, un árbol que tiene todas las características de un árbol crecido, pero enano. La razón es que le cortan la raíz principal, dejándole las raíces secundarias por las que se alimenta. Por ello no crece. Solo sirve de adorno.

Hay una gran cantidad de ilustraciones en la Biblia, que serían doblemente útiles porque vienen al caso y porque son Palabra de Dios. Una ilustración bíblica sobre la realidad de cómo el pecado nos ciega, es el relato del profeta al rey David: Natán le llevó un mensaje de parte de Dios, pero para lograr el impacto, le contó una historia trágica, conmovedora, en la que un hombre rico tenía muchas ovejas y corderos, le vino un visitante de lejos, y para darle de comer, en lugar de tomar una de sus muchas ovejas, fue y tomó la única oveja de un hombre pobre, que era toda su posesión y le servía para su sustento y abrigo. Cautivado por el relato, David, sin darse cuenta, se condenó a sí mismo. Al escuchar semejante injusticia, David se levantó indignado y dio un veredicto: «Ese hombre debe morir». Natán le respondió: «Ese hombre eres tú», pues teniendo muchas mujeres en tu palacio tomaste la mujer de Urías y pecaste con ella. David, traspasado por esa palabra, cayó de rodillas y dijo: «He pecado contra el Señor».

Bienaventurado el predicador que encuentra ilustraciones pertinentes para cada una de las partes de su sermón. Desdichado el predicador que no ilustra sus sermones. Encontrar ese tipo de ilustraciones es lo que diferencia al predicador extraordinario del común.

Busque incansablemente las ilustraciones oportunas, escójalas bien, úselas con moderación. Recordemos que Jesucristo en cada mensaje usó ilustraciones.

Trabaje con excelencia la introducción

Recuerde que tiene treinta segundos para captar la atención o repelerla. Reitero, una buena introducción es de primerísima importancia. No lo es menos la conclusión. Ésta hay que elaborarla con el mismo esmero. No debe ser extensa, pero sí muy puntual. Según mi criterio es necesario que esté conectada con la verdad central, las divisiones, las aplicaciones en el desarrollo del sermón y con el título de la predicación.

Pero no utilice el mismo tipo de introducción. Procure un enfoque variado. No comience siempre con una pregunta, mostrando un objeto, con una historia, con un adagio, con una situación dramática. La razón es que una vez la congregación sepa que siempre iniciará de la misma manera cada sermón, perderá el interés, se opacará el optimismo y fallará la expectativa.

Durante años escuché a un buen predicador, elocuente, con un buen timbre de voz, fogoso, siempre introducía sus sermones de la misma manera. Si su sermón era sobre la santidad, iniciaba con menciones sobre el pecado. Si predicaba sobre el gozo, introducía el tema hablando de la tristeza, si se trataba de la obediencia, iniciaba con la realidad de la desobediencia, si el tema era sobre el dar generosamente, comenzaba hablando de la avaricia. Si enseñaba sobre la salvación del hombre, iniciaba con el estado de perdición del hombre. En fin, su forma de introducir sus sermones era iniciarlos con el antónimo del tema a tratar. Solo al oírle la introducción ya sabía sobre qué asunto iba a predicar.

Elabore una conclusión eficaz

En cuanto a la conclusión, las opiniones de los autores sugieren variadas formas de concluir, creo que está bien, siempre y cuando reafirmen la esencia del sermón que se ha predicado. Si no es así, se echa a perder lo que se ha logrado.

Uno de ellos afirma: «La conclusión puede ser: a) una recapitulación; b) una aplicación general; c) algunas preguntas de reflexión personal; d) un llamado a la acción inmediata; e) un pensamiento importante; f) una ilustración interesante; g) Una estrofa de un himno o poema; h) Una mención de la proposición del sermón; i) una oración; j) una apelación a la conciencia» (Silva, 1995).

Arme el sermón

Al realizar los pasos anteriores estamos en el tiempo justo de armar el bosquejo base: El título, debe formularse en base al texto elegido, leído y analizado al igual que las principales divisiones, luego trabajaremos con denuedo la conclusión y la introducción. No podemos construir el sermón sobre asuntos secundarios del texto. Sería un sermón frágil.

Afine el sermón

Después de tener un bosquejo completo, bien armado, proporcionado en estructura, extensión y belleza, entonces podemos consultar los comentarios, los libros especializados, las Biblias de Estudio para corregir, etc. Algunos de los errores generalizados al elaborar los sermones son: consultar de inmediato los comentarios bíblicos, preparar los sermones leyendo el texto en Biblias de Estudio, así como usar de base bosquejos completos de otros predicadores.

Estas acciones nos inclinarán a las tendencias que estos materiales contienen, y no permitirán que encontremos tesoros, perlas, y diamantes espirituales que enriquezcan la vida de nuestros oyentes.

Sazone el sermón

Ahora estamos en el punto de dar los últimos toques a nuestro sermón. Sazonar el sermón significa saborear todos los componentes para comprobar que todo está a gusto. Aquí se puede quitar o agregar, redondear. Es la acción de sumar detalles, ajustar algunas frases, revisar la redacción, leerlo y releerlo en voz alta. Allí notaremos si hay que realizar los últimos cambios o está en el punto exacto para predicarlo.

Sirva el sermón

Como expuse en un apartado anterior, el sermón del domingo debería estar terminado el jueves, sería lo ideal. Si es de los que imprime bosquejos para darlos a la congregación, como lo hacemos algunos predicadores, entonces el jueves por la tarde o por la noche realice la última lectura para luego enviarlo a la imprenta el mismo jueves a la tarde o el viernes a primera hora. El día sábado estará relajado, listo para darle otras lecturas por la tarde. El resultado extraordinario lo verá el domingo. En mi caso está listo el mensaje el jueves. Entrego el bosquejo de este mensaje a la imprenta el viernes, para que sea entregado el domingo a toda la congregación.

6

Las partes del sermón

Después de seguir los pasos para la elaboración del sermón tiene ya la capacidad de colocar cada parte del sermón en su lugar.

Pero es necesario aclarar que algunos autores, para comenzar, distinguen asunto, tema y proposición, otros afirman que son sinónimos. Otros afirman que el tema y el título deben ser idénticos. Algunos afirman que al título se le puede llamar tema específico para diferenciarlo del tema general. Todas estas afirmaciones provocan confusión. Ante tanta información imprecisa es fácil que el predicador se desanime y se desvíe por el camino de la pereza. Si le interesa profundizar sobre estas sutilezas y diferencias, hay suficientes tratados que las abordan.

Yo me limitaré a sugerirle, para ser más efectivo, que se concentre en las siguientes partes del sermón: Título, introducción, divisiones principales, desarrollo, ilustraciones, aplicación y conclusión.

Título

Corresponde al nombre del sermón.
Los títulos o nombres del sermón pueden ser:
Afirmativos: «Dios puede solucionar tus problemas».
Interrogativos: «¿Por qué sufren los piadosos?».
Exclamativos: «¡Ve tú y haz lo mismo!».

Introducción

La introducción es conformada por las primeras palabras, frases y oraciones que dice el predicador con relación al sermón que predicará; con la finalidad de preparar las mentes de los oyentes, captar su interés y ganarse su voluntad. La introducción debe ser transicional para conectar con el cuerpo del sermón. Según mi criterio, no es funcional elaborar una introducción y una oración transicional por separado.

Divisiones principales

Son las ideas principales que dan estructura y soportan el desarrollo del sermón. Promueven la claridad, la unidad y la fortaleza del contenido del mensaje.

Desarrollo

Las principales divisiones y subdivisiones son la estructura, el esqueleto del sermón, el desarrollo es la ampliación, explicación de las ideas contenidas en las divisiones (J. Braga, 1986). El desarrollo es como la sangre, la carne, los músculos, los tendones y los sistemas del cuerpo.

Ilustración

Es la clarificación de las verdades espirituales contenidas en las divisiones, subdivisiones y el desarrollo del sermón, por medio de ejemplos, imágenes, objetos, anécdotas, semejanzas, fábulas, historias, cuentos, dichos y otros.

Aplicación

Es la acción persuasiva del predicador por medio de la cual aplica las verdades, las enseñanzas, las condiciones, los desafíos e interpela a los oyentes de manera directa y particular con el fin de que haya una respuesta personal acorde al mensaje del sermón[5].

Conclusión

Es el momento en el que el predicador llega al final de su predicación con el propósito de reafirmar las verdades esenciales del sermón en las mentes y los corazones de los oyentes, para que den una respuesta de fe para salvación o edificación[6].

5. Definición de Gálvez, R.
6. Definición de Gálvez, R.

7

Ejemplos del orden de elaboración y presentación del sermón en sus tres clasificaciones

Sermón expositivo

En este sermón expositivo, mencionaré aspectos relevantes en el orden de la elaboración del sermón, pero no todos los pasos que ya expliqué en un apartado anterior: Orar; leer y meditar diariamente en la Escritura; estudiar el texto; analizar el texto; identificar la verdad universal; tomar en cuenta el contexto; interpretar el texto; explicar el texto; aplicar las verdades del mensaje; trabajar con excelencia la introducción y la conclusión; ilustrar los sermones; armar el sermón; afinar el sermón; sazonar el sermón; servir el sermón.

En los sermones temático y textual presentaré únicamente los sermones ya terminados para predicarlos.

Después de orar, leer y meditar con detenimiento elijo el Salmo 121. Lo estudio, lo analizo desde varios puntos de vista, incluyendo el contexto histórico y cultural. Descubro que se trata de una invocación, un canto de los peregrinos que viajaban constantemente. Sabían que eran vulnerables a toda clase de peligros: fieras, salteadores, inclemencia del tiempo; necesitaban ser guardados para llegar sanos y salvos a su destino. Ellos alzaban sus ojos a su alrededor y lo que veían eran montes, montañas. Aquí comienzo con la interpretación, procurando encontrar el tema central sobre el que gira el pasaje. Encuentro que el tema que destaca es «la protección de Dios», «la protección divina para el que confía en él»; busco las palabras que se relacionan con el tema:

Encuentro las palabras primarias en el texto:

Guarda (dos veces)	(Dios es el que guarda)
Guardador (una vez)	(Dios es el guardador)
Guardará (tres veces)	(Dios es quien nos guardará)
Socorro (dos veces)	(Dios es quien nos socorre)

Escribo las otras palabras, frases y oraciones. En este caso son imágenes que transmiten protección:

> No dará tu pie al resbaladero
> Sombra a tu mano derecha
> El sol no te fatigará de día, ni la luna de noche

En total son seis veces las que se mencionan palabras relacionadas con la acción divina de guardar y dos veces la palabra «socorro», que habla de la ayuda de Dios en medio de los peligros. Más tres oraciones que describen cómo el Señor protege.

A estas alturas, estoy seguro de que el tema entretejido en todo el texto es «La protección de Dios» para quienes confían en él.

A continuación, escribo tentativamente los títulos del sermón conforme al tema y a la verdad principal del texto. Los títulos podrían ser:

– ¿De dónde vendrá mi socorro?
– ¿De dónde viene nuestro socorro?
– Mi socorro viene del Señor
– Nuestro socorro viene del Señor
– El Señor es quien me guarda
– El Señor es quien nos guarda
– Dios me guarda
– Dios es quien me guarda
– Dios es mi guardador
– Dios es nuestro guardador
– Dios es quien nos guarda
– Mi ayuda proviene del Señor
– Nuestra ayuda proviene Dios

Note que ninguno de los títulos tentativos es confuso, general, neutro o pasivo. Todos tienen un verbo: Vendrá, viene, es. Son personalizados: «… mi socorro»; «… me guarda»; «… mi guardador»; «… nos guarda». Ningún oyente los sentirá distantes, ajenos o indiferentes.

Si hubiera titulado de la manera tradicional, los títulos quedarían más o menos así:

- La protección de Dios
- Protección divina
- El protector
- El guardián
- Auxilio Divino
- Ayuda de Dios
- El socorro de Dios

Para comprobar que la mayoría titulan de la manera tradicional, busqué en Internet títulos sobre el Salmo 121, he aquí algunos de ellos:

- Alzaré mis ojos
- No resbalaré
- Los peligros del día y de la noche
- Debajo de los ojos vigilantes
- Levanto mis ojos a los montes
- Subir la montaña
- Subiendo el monte
- Más allá de los montes
- La protección de Dios

Estos títulos reflejan falta de lectura, análisis, estudio diligente del Salmo 121. No reflejan el tema central, sino los temas secundarios y terciarios que se encuentran en este salmo de alta estima.

Me decido finalmente por el título: DIOS ES QUIEN NOS GUARDA.

Luego trabajo las divisiones principales. A partir de aquí estamos ya en el paso de la interpretación analizando el texto palabra por palabra, frase por frase, oración por oración. Estamos ya capacitados para desarrollar las divisiones principales. Lo ideal es que estas se estructuren naturalmente en base al texto. Y es obvio que se debe relacionar con la verdad que entreteje todo el pasaje. Así tendrán relación con el título del mensaje, tomando las palabras u oraciones sobre las que gira el texto. Esto me ayudará a identificar de manera natural las divisiones principales que el mismo pasaje sugiere. Las escribiré de manera personal, aplicada, no de manera general, porque no me dice nada a mí y a los oyentes.

A propósito, las divisiones principales del sermón no tienen que ser forzosamente tres como tradicionalmente se ha creído. Tampoco es conveniente que sean más de cinco, ya son muchas. Pero hay pasajes que naturalmente se prestan para ello. Se convierte en problema cuando predicamos sermones con demasiados puntos.

Hace muchos años prediqué un sermón titulado «Veintidós bendiciones que recibimos en Cristo», basado en el capítulo uno de Efesios. Me emocioné al descubrir tantas bendiciones recibidas escritas en un solo capítulo. Lo preparé con entusiasmo y lo enseñé. Fue una barbaridad. Indigesté a la audiencia. Cuando iba por la explicación de la décima bendición, vi los rostros avinagrados de algunos oyentes, y eso que estaba hablando de las «Bendiciones recibidas», pero ya no querían recibir las otras. Apresuré el paso para mencionar, ya ni explicar, las otras doce bendiciones que me faltaban. La congragación ya manifestaba repulsa ante tanta bendición enumerada una a una. Terminé la predicación con la horrible sensación de haber fracasado en la santa tarea. Ahora entiendo que hubiese sido mejor predicar una serie sobre las bendiciones recibidas y armar un bosquejo de acuerdo a las divisiones naturales de los versículos en este capítulo. Lección aprendida: una comida puede saber exquisita, pero si obligamos a que coman cuatro o más porciones, en lugar de una, que es lo normal, terminarán con náuseas y aborreciendo la «exquisita comida». Hoy, cuando preparo un sermón y las divisiones naturales del texto resultan ser cinco, lo medito mucho, intento recortar, pero si no puedo hacerlo porque mutilaría el texto, trato de no extenderme y darle el tiempo justo a cada punto. Lo ideal es que las divisiones del sermón sean dos o tres.

Bien, después de este paréntesis, aquí las sugerencias de las principales divisiones:

I. DIOS NOS GUARDA EN NUESTRA FRAGILIDAD

[1] Alzaré mis ojos a los montes; ¿De dónde vendrá mi socorro?
[2] Mi socorro viene de Jehová, Que hizo los cielos y la tierra.

II. DIOS ES NUESTRO GUARDADOR VIGILANTE

[3] No dará tu pie al resbaladero, Ni se dormirá el que te guarda.
[4] He aquí, no se adormecerá ni dormirá el que guarda a Israel.

III. DIOS NOS GUARDARÁ DE TODA CLASE DE MALES

[5] Jehová es tu guardador; Jehová es tu sombra a tu mano derecha.
[6] El sol no te fatigará de día, Ni la luna de noche.
[7] Jehová te guardará de todo mal; El guardará tu alma.
[8] Jehová guardará tu salida y tu entrada desde ahora y para siempre.

Si nota las divisiones las he armado con las tres palabras claves del pasaje. *Guarda, guardador, guardará*. Eso es seguir el desarrollo natural del texto.

Aquí viene el paso de la explicación del texto en cada una de las divisiones principales. Amplío las verdades de cómo el Dios todo poderoso creador del cielo y de la tierra guarda al hombre frágil que confía en él. Ese Dios, el Dios de Israel, amoroso, guardador, vigilará para que el hombre indigente no resbale. Sí, ese Dios que guarda todo el tiempo a los que se encomiendan a él, como una sombra protectora, para que el hombre creyente no se fatigue durante el día. El Señor no lo defraudará, lo guardará de todos los peligros externos y lo temores internos de su alma desde el momento en que inicia su viaje, durante su viaje, su llegada, su estancia y su regreso.

Desafío a todos los oyentes para que pongan toda su confianza en el Dios guardador y de manera personal le desafío a decir y creer «DIOS ES QUIEN NOS GUARDA» y conforme a esa fe los motivo a la acción.

Sazono el texto: Para enriquecer el sermón y que sea efectivo tenemos que expresar el buen contenido con las mejores y oportunas palabras para que venzan los obstáculos, prejuicios y defensas naturales que llevan los oyentes. Se puede tener un excelente contenido, pero si no se expresa con gracia, con palabras sazonadas con sal, el mensaje palidece. Las palabras del predicador deben ser como clavos hincados que penetren profundamente en los corazones de los oyentes, pero de manera sencilla, atractiva, placentera, alentadora y personal.

Trabajo la conclusión, el título y la introducción del sermón:

La conclusión debe estar relacionada con el significado primario del contexto histórico, con las divisiones principales y la aplicación: «Que, así como los creyentes del Antiguo Testamento recitaban esta oración confiando que el Señor los guardaría, así nosotros confiamos que él es quien nos guarda en nuestra debilidad; él es nuestro guardador vigilante todo el tiempo y quien nos guardará desde ahora y para siempre en Cristo Jesús.

Confirmo el título del sermón «Dios es quien nos guarda».

La introducción es la última que se elabora en el proceso. He decidido elaborarla con unos breves acontecimientos y terminarla con una pregunta: «¿De dónde puede venir ayuda efectiva a mi vida si vivo en mundo lleno de peligros?». Luego me pongo con la parte transicional de la introducción: Veamos la respuesta que nos da este salmo.

Nota: En este sermón considero que no es necesario usar ilustraciones porque el texto es muy rico en figuras, metáforas, imágenes… Estarían demás.

Presentación del sermón expositivo del Salmo 121 preparado para predicarlo:

Sermón: DIOS ES QUIEN NOS GUARDA
Texto: Salmo 121
SALMO 121 (RVR1960)

> ¹ Alzaré mis ojos a los montes;
> ¿De dónde vendrá mi socorro?
> ² Mi socorro viene de Jehová,
> Que hizo los cielos y la tierra.
> ³ No dará tu pie al resbaladero,
> Ni se dormirá el que te guarda.
> ⁴ He aquí, no se adormecerá ni dormirá
> El que guarda a Israel.
> ⁵ Jehová es tu guardador;
> Jehová es tu sombra a tu mano derecha.
> ⁶ El sol no te fatigará de día,
> Ni la luna de noche.
> ⁷ Jehová te guardará de todo mal;
> Él guardará tu alma.
> ⁸ Jehová guardará tu salida y tu entrada
> Desde ahora y para siempre.

Introducción: Un médico joven, conocido mío, murió recientemente junto a otros tres jóvenes, a causa de cambios repentinos del clima en una montaña que habían escalado. Decenas de jóvenes fallecen cada mes a causa de accidentes de tránsito. Otros ciudadanos no regresan a casa por muertes de diversa índole. ¿De dónde puede venir la ayuda efectiva a nuestra vida, si estamos rodeados de peligros de muerte en todo momento? Este pasaje nos da la respuesta. Veamos:

I. DIOS ES QUIEN NOS GUARDA EN LA FRAGILIDAD

> ¹ Alzaré mis ojos a los montes; ¿De dónde vendrá mi socorro?
> ² Mi socorro viene de Jehová, Que hizo los cielos y la tierra.

Se trata de una invocación, un canto de los peregrinos que viajaban constantemente. Sabían que eran vulnerables a toda clase de peligros, fieras, salteadores, inclemencias del tiempo. Necesitaban ser guardados para llegar sanos y salvos a su destino. Ellos alzaban sus ojos a su alrededor y lo que veían eran montes, montañas. Se preguntaban de dónde podría venir su protección. Pero estos hombres, en medio de ese interrogante natural, de pronto recordaban que su protección plena tendría que venir únicamente del Poderoso Dios de Israel, creador del cielo y de la tierra.

Aplicación: Ese es el mismo Dios en quien hemos confiado. El Dios y Padre de nuestro Señor Jesucristo, el que nos puede guardar en nuestra debilidad en medio de este mundo lleno de maldad, rodeado de toda clase de peligros diabólicos, humanos, de la naturaleza, de accidentes, de peligros mortales. El mismo Dios que ha guardado a su pueblo, es el mismo Dios que nos guarda en nuestra fragilidad.

II. DIOS ES NUESTRO GUARDADOR VIGILANTE

[3] No dará tu pie al resbaladero, Ni se dormirá el que te guarda. [4] He aquí, no se adormecerá ni dormirá el que guarda a Israel. [5] Jehová es tu guardador.

La palabra guardador implica otros significados de protección segura: sereno, escolta, vigía, observador, cumplidor, puntual, exacto, cuidadoso, guardia, vigilante guardián.

Los caminos y veredas en las tierras del Israel del AT eran pedregosas, polvorientas y resbaladizas en tiempo de lluvia. Los peregrinos tenían que caminar algunos trechos con poca luz natural, corrían el riesgo de resbalar, golpearse y en algunos casos caer a precipicios. Pero el Dios Omnipotente podía vigilarlos de día y de noche y librarlos.

Aplicación: Dios utiliza su poder para que no suframos un resbalón que nos cause daño o nos destruya. Es capaz porque él nunca duerme. Es un Dios vigilante de día y de noche para cada uno de nosotros. Él permanece siempre activo, dinámico, no es como los hombres que dormitan del cansancio o los soldados que se fatigan. El que guarda a Israel desde su formación hasta ahora, es el mismo Dios que nos guarda activamente de traspiés, resbalones, tentaciones, equivocaciones que traigan dolor; de cualquier trampa o cáscara que nos haga resbalar espiritualmente, tanto de forma física como emocional.

III. DIOS NOS GUARDARÁ DE TODA CLASE DE MALES

[5b] Jehová es tu sombra a tu mano derecha.
[6] El sol no te fatigará de día, Ni la luna de noche.

⁷Jehová te guardará de todo mal; Él guardará tu alma.
⁸Jehová guardará tu salida y tu entrada desde ahora y para siempre.

El hecho de que se encuentre tres veces la palabra «Guardará» en este pasaje, significa que el futuro de los peregrinos es seguro en las manos de Dios. El Dios que los guardará de toda clase de peligros tiene nombre propio: es Jehová, «Yo soy el que soy». Los guarda por medio de su omnisciencia, omnipresencia, omnipotencia. Los guardará con su sombra protectora, como lo hizo durante su terrible peregrinar en el desierto en el que se desataban tormentas de arena, olas intensas de calor. Los protegerá como un padre protege a su hijo tomándolo de su mano derecha. Los guardará de terrores nocturnos y flechas lanzadas de día, de las pestes y los cambios climáticos. Los guardará de todos los peligros que se dan en la noche.

Aplicación: Así, el Dios todo poderoso nos guardará a nosotros hoy, de toda clase de mal que viene del Diablo, del hombre, de la naturaleza, de accidentes, de enfermedades mortales. Él es quien guarda nuestra alma, quien mantendrá a salvo nuestra vida, nuestra mente, pensamientos y emociones. Jehová nos guardará cuando permanezcamos en un lugar y cuando salgamos. Guardará nuestra salida, nuestra estancia, y nuestro regreso. Lo hará en la casa, en el camino, en nuestra llegada, y en todo nuestro retorno. Y lo hará de manera personalizada: «Jehová guardará tu salida y tu entrada desde ahora y para siempre».

Conclusión: Así como los creyentes del Antiguo Testamento decían esta oración confiando que el Señor los guardaría, nosotros confiamos en su promesa: que él nos guarda en nuestra debilidad, que él es nuestro guardador vigilante cada día y él es quien nos guardará en Cristo Jesús desde ahora y para siempre.

El sermón temático

El sermón temático generalmente brota de la lectura y del estudio continuado de la Biblia o por la investigación sobre temas de interés. En otras ocasiones por la observación de un incidente, por las visitas pastorales, o acontecimientos en nuestra nación o en el mundo. Cualquiera de las dos maneras: partiendo del texto o yendo al texto con un tema en mente, el sermón debe construirse sobre el fundamento bíblico. Eso sí, es necesario que los textos seleccionados hablen de manera clara sobre el tema. Después de obtener varios versículos sobre el tema los clasifico en orden de importancia. Habrá textos que describan el tema de manera extensa y específica. Esos deben ir en primer lugar. Luego los estudio en su contexto histórico, cultural, exegético y hermenéutico. Analizo y detecto los principios bíblicos universales que funcionan en todas las épocas, culturas y pueblos. Explico lo que dijo el autor para sus interlocutores y lo que me dice a mí hoy. Así tengo un sermón temático, equilibrado y que comunica el tema de manera amplia. No debo perder de vista que, de las tres clases de sermones, el temático es en el que más riesgo corro al predicar fuera del contexto bíblico e histórico.

Veamos el resultado de la elaboración del sermón temático con los pasos explicados.

Supongamos que he detectado una incertidumbre generalizada en mi nación o en el mundo entero: la gente no sabe qué camino escoger, o no sabe cuál es el camino correcto para que triunfen en la vida. Incluso observo una iglesia titubeante frente al oleaje de confusiones religiosas, políticas, éticas. Entonces busco pasajes que me den luz sobre el camino que las personas deben seguir para llegar a Dios. Incluso la misma iglesia debe examinarse a la luz de esos versículos, para comprobar si va en el camino correcto de la voluntad de Dios. Después de orar creo que debo elaborar el sermón dirigido a la iglesia, y no a los inconversos. Después de realizar todos los pasos para la elaboración del sermón, finalmente queda listo para predicarlo. Veamos el ejemplo.

Sermón: ¿QUÉ HACEMOS PARA IR POR EL CAMINO CORRECTO?

Introducción: Salió a la luz en este año que algunos actores, cantantes, políticos, deportistas, profesionales, empresarios, operarios y campesinos consultaron a brujos para que les orientaran sobre el camino que debían seguir. Otras personas compraron pulseras magnéticas, amuletos y fórmulas, para encontrar el camino del éxito. Lo asombroso es que muchos creyentes no saben sin van por el camino correcto, pese a que ya han encontrado el camino de la salvación en Cristo ¿Cómo sabemos entonces si vamos por el camino correcto para hacer la voluntad de Dios y triunfar en todas las áreas de nuestra vida?

La Escritura nos da cinco instrucciones para ir en el camino correcto. Veámoslas:

1. HONREMOS AL SEÑOR

Salmos 25:12 (DHH) «Al hombre que honra al Señor, él le muestra el camino que debe seguir».

Si le tenemos un temor santo y somos reverentes al Señor, él nos guiará al camino correcto.

Ilustración: El Señor le mostró el camino a seguir a Josué, paso a paso, pues él siempre lo respetó.

2. ESCUCHEMOS LA VOZ DEL SEÑOR

Isaías 30:20-21 (NVI). Aunque el Señor te dé pan de adversidad y agua de aflicción, tu maestro no se esconderá más; con tus propios ojos lo verás. [21] Ya sea que te desvíes a la derecha o a la izquierda, tus oídos percibirán a tus espaldas una voz que te dirá: «Éste es el camino; síguelo».

El Señor le dice al pueblo de Israel por medio del profeta que, pese a que se han apartado de sus caminos, les hablará mostrándoles el camino que deben seguir aun en medio de la disciplina que están sufriendo.

De igual manera él es nuestro maestro, que nos guía, nos enseña; aun cuando nos estemos desviando, oiremos su voz para mostrarnos el camino correcto.

El sufrimiento que el Señor permite en nuestra vida hace que seamos más sensibles a su voz.

Ilustraciones:

a) Samuel escuchó la voz del Señor siempre y la obedeció, fue un profeta que siempre supo el camino que debía de seguir.

b) Saúl a causa de su autosuficiencia llegó el momento en que no sabía el camino a tomar, se entorpeció tanto, que buscó una adivina para que le dijera qué hacer.

3. SEAMOS DÓCILES

Salmo 32:8-9 (NVI) El Señor dice: «Yo te instruiré, yo te mostraré el camino que debes seguir; yo te daré consejos y velaré por ti. No seas como el mulo o el caballo, que no tienen discernimiento, y cuyo brío hay que domar con brida y freno, para acercarlos a ti».

Ser dócil significa practicar la obediencia sencilla de manera inmediata.

Él desea instruirnos, mostrarnos el camino que debemos seguir, darnos consejos, y velar por nosotros, solo nos pide que seamos dóciles, no como el mulo y el caballo que no entienden y hay que domarlos con rienda y freno.

Ilustración: el profeta Balaam fue terco, no obedecía al Señor. Iba por el camino de la codicia. Dios tuvo que hablarle a través de una mula que le respondió en hebreo cuando Balaam la maltrató porque se echó y no quiso seguir en el camino equivocado por el que iba su amo.

El egoísmo, la avaricia, el orgullo, nos impiden ver el camino que el Señor nos muestra. Nos hace avanzar a tientas en medio de tinieblas.

4. BUSQUEMOS LA SANTIDAD

Isaías 35:8 (RV60) Y habrá allí calzada y camino, y será llamado Camino de Santidad; no pasará inmundo por él, sino que él mismo estará con ellos; el que anduviere en este camino, por torpe que sea, no se extraviará.

Aunque este pasaje se refiere a la restauración futura de Jerusalén, se aplica a los creyentes como pueblo de Dios que ya tienen la santidad de Cristo y la santificación por medio del Espíritu. Entonces el que anda en santidad conocerá el camino que debe seguir.

Ilustración: José fue un hombre santo y el Señor lo llevó de la mano, paso a paso, por el camino que lo llevaría a la victoria, la liberación y al cumplimiento del plan de Dios para Egipto, sus parientes y su vida.

5. DEJEMOS QUE EL ESPÍRITU NOS GUIE

Juan 16:13a (RV60) Pero cuando venga el Espíritu de verdad, él os guiará a toda la verdad.

El Espíritu Santo nos guiará al camino correcto como la brújula nos indica el norte. Nos dará luz verde para actuar, con un testimonio interno, cuando vamos por el camino correcto.

Cuando vamos por el camino equivocado nos pone el semáforo en rojo y no tenemos paz. El Espíritu nos estorba para no seguir en el camino.

Lo que tenemos que hacer es dejarnos guiar por lo que el Espíritu Santo nos indique.

Ilustración: La vida y el ministerio de Pablo fueron guiados por el Espíritu Santo. El Espíritu Santo le decía a Pablo a donde tenía que ir a predicar y le prohibía los viajes a lugares que él quería ir.

CONCLUSIÓN: ¿Tiene que tomar decisiones y no sabe qué hacer? ¿Está en un dilema, en un problema o en una crisis y no sabe qué camino tomar? Estamos nosotros también en situaciones similares. Recordemos lo que nos ha dicho la Escritura: Respetemos al Señor, detengámonos y escuchemos la voz del Señor, seamos humildes y busquemos la santidad, dejemos que el Espíritu Santo nos guíe, entonces sabremos el camino que debemos seguir.

El sermón textual

Los pasos para la elaboración del sermón textual son básicamente los mismos que se usan en los sermones expositivo y temático.

En el caso del sermón textual, parto de la Escritura como punto focal. No puede ser de otra manera. Pero el texto tiene que ser bien escogido porque de allí se forjará el sermón: palabra por palabra, frase por frase. Identifico los versículos o textos que tienen instrucciones en orden natural y que por sí mismos constituyen un mensaje condensado. Aquí las divisiones no las arreglo, no las acomodo, escribo las divisiones tal y como están en el texto. Son la misma palabra o frase literal del texto. Estudio el texto en todas las etapas que hemos explicado. Reflexiono sobre su significado. Aplico esas verdades a la realidad de los oyentes hoy y los desafío para la acción.

Les presento cómo quedaría un sermón textual para ser ampliado y predicado:

Sermón: CUATRO RECOMENDACIONES PARA SER CRISTIANOS ESTABLES

1 Corintios 16:13 (NTV) «Estén alerta. Permanezcan firmes en la fe. Sean valientes. Sean fuertes».

INTRODUCCIÓN: El apóstol Pablo expresó su dolor al saber que un creyente llamado Demas había abandonado la fe, se había ido al mundo. He conocido personas que profesan ser creyentes, pero asisten por temporadas a la congregación. Son inconstantes. Pero el Señor nos ha llamado a que seamos estables en la vida espiritual. Hoy el Señor nos da cuatro recomendaciones en este pasaje para que sepamos cómo obtener estabilidad espiritual. Veámoslas:

1. ESTÉN ALERTA

En primer lugar, estar alerta significa vigilar nuestra vida y comprobar que todavía nos encontramos en la fe verdadera, si estamos viviendo la palabra. Esto significa que debemos detenernos en nuestra vida y evaluarla a la luz de la Palabra de Dios, tanto nuestras acciones, creencias y crecimiento en el evangelio. Pablo les dijo a todos los creyentes que velaran y oraran, que estuvieran atentos a todo lo que acontecía externamente e internamente, como el soldado que no se mueve de su puesto para vigilar lo que le corresponde y dar la voz de alarma si se aproxima el enemigo o algo extraño sucede.

Ilustración: Pablo exhortó a Timoteo que evaluara su vida y palabras, ya que debía estar seguro que se encontraba en la fe verdadera: «Ten cuidado de ti mismo y de la doctrina; persiste en ello, pues haciendo esto, te salvarás a ti mismo y a los que te oyeren» (1 Timoteo 4:16 RV60).

Aplicación: Como cristianos no debemos menguar en nuestra vida devocional, en nuestras oraciones, en congregarnos, en la lectura de la Biblia, en el servicio. Todo ello contribuye a mantenernos en la fe, y por tanto, debemos asegurarnos de no abandonar estos hábitos santos.

Ilustración: El apóstol Pedro nos llama a vivir alerta ante todo tipo de tentación, engaño o ataque del diablo: «Sed sobrios, y velad, porque vuestro adversario el diablo, como león rugiente, anda alrededor buscando a quien devorar» (1 Pedro 5:8 RV60).

Aplicación: Como cristianos no podemos darnos el lujo de confiarnos. Eso nos empujará a descuidar áreas de las cuales nuestro enemigo tome ventaja para perjudicarnos.

Un cristiano siempre está expuesto a la tentación, al engaño del enemigo, a las falsas doctrinas y otros peligros espirituales, así como físicos. Por lo que debe permanecer alerta.

2. PERMANEZCAN FIRMES EN LA FE

Estar firmes significa mantenernos constantes en la fe cristiana. Ser constante implica paciencia y perseverancia, dos cualidades sin las cuales no podemos mantenernos firmes. No movernos de las acciones espirituales diarias. Permanecer con la convicción y la certeza de que Dios está con todos los que confiamos en él y realizar las siguientes acciones:

a) Andando en la verdad de Dios
b) Andando en equidad, siendo cabal
c) Dando buen testimonio
d) Usando la Palabra de Dios en todas las áreas de su vida
e) Orando en todo tiempo y con toda clase de oración: de fe, de gratitud, de autoridad

Es menester que mantengamos la fe en Cristo y sus promesas ante las más grandes pruebas, tentaciones, y acusaciones del enemigo. Caminar por fe y no por vista, recordando que por la fe estamos firmes no por los sentimientos, emociones, pensamientos, la lógica o nuestra moral.

Ilustración: El mismo apóstol Pedro pasó por la terrible experiencia de negar a Jesús tres veces. No pudo permanecer firme en la fe que había profesado a su Señor y maestro.

3. SEAN VALIENTES

El ser valientes aquí significa ser obedientes al Señor a toda costa. Ello implica guardar sus palabras, seguir creyendo, mostrar un buen testimonio, mantener el ánimo, guardar la fe, anunciar el evangelio, amar a Jesucristo, aun cuando la situación sea intimidante.

Ilustración: Si nos damos cuenta, tres veces Dios exhorta a Josué a ser esforzado y valiente. La primera es para que cumpla la misión que le encomendó de introducir a Israel a la tierra prometida y repartirles la tierra. La segunda es para cumplir la Palabra de Dios. Meditando de día y de noche en ella, para obedecerla.

La tercera vez le exhorta a ser valiente en cualquier parte o tarea que realice, sabiendo que Dios está con él.

Aplicación: La vida cristiana requiere valor y esfuerzo, para crecer en nuestra vida espiritual y nuestra vida de servicio. Necesitamos estas características para no atemorizarnos y retroceder.

4. SEAN FUERTES

No se puede simplemente mandar a alguien a ser fuerte. Dios nos llama a fortalecernos y nos da los medios para hacerlo: La Palabra, la oración, la fe, el gozo, la esperanza, el sufrimiento, la perseverancia, que viene del poder y la fuerza de nuestro Señor Jesucristo.

Aplicación: Somos fuertes al ejercer nuestra fe, poniendo en práctica lo que creemos. Fortaleciéndonos en el Señor y su fuerza: Efesios 6:10 (NVI): «Por último, fortalézcanse con el gran poder del Señor».

Ilustración: Pablo sabía que podía ser fuerte solo en el Señor, porque él era la misma debilidad andando. «Mi poder se perfecciona en la debilidad». Nadie es fuerte en sus propias fuerzas.

CONCLUSIÓN: No seamos como las olas del mar, que se mueven en la dirección del viento. Deteniéndose o enfureciéndose y chocando contra las rocas. Seamos cristianos estables, seamos columnas en la casa de Dios. Lo obtendremos obedeciendo estas cuatro recomendaciones: Estando alerta, permaneciendo firmes, siendo valientes y siendo fuertes en el Señor.

8

Tareas, ejemplos de series y recursos bibliográficos

Tarea: Análisis y evaluación de un sermón clásico

Si ha leído hasta aquí este libro y lo ha comprendido, está en la capacidad de realizar un análisis crítico de cualquier sermón.

En un libro clásico sobre la predicación publicado en Nashville 1993, encontré un sermón basado en Marcos 5:31-41, conocido como el pasaje de la tormenta en el mar de Galilea. Después de todo el proceso de la elaboración el autor sugiere cuatro posibles títulos:

– Miedo o Fe

– Miedo vs Fe

– ¿Quién es éste?

– Clamores de pánico

Finalmente se decidió por el título *Miedo vs Fe*

Trasladó el bosquejo exacto para que luego analicemos si se puede calificar como un bosquejo de un sermón extraordinario, que produce transformación, o si es un sermón inerte, complicado, abstracto.

Sermón: Fe vs Miedo

Texto: San Marcos 4:35-41 (RV60)

[35] Aquel día, cuando llegó la noche, les dijo: Pasemos al otro lado. [36] Y despidiendo a la multitud, le tomaron como estaba, en la barca; y había también con él otras barcas. [37] Pero se levantó una gran tempestad de viento, y echaba las olas en la barca, de tal manera que ya se anegaba. [38] Y él estaba en la popa, durmiendo sobre un cabezal, y le despertaron, y le dijeron: Maestro, ¿no tienes cuidado que perecemos? [39] Y levantándose, reprendió al viento, y dijo al mar: Calla, enmudece. Y cesó el viento, y se hizo grande bonanza. [40] Y les dijo: ¿Por qué estáis así amedrentados? ¿Cómo no tenéis fe? [41] Entonces

temieron con gran temor, y se decían el uno al otro: ¿Quién es éste, que aun el viento y el mar le obedecen?

INTRODUCCIÓN:

0.1 Realidad inevitable

0.2 Miedo: Su expresión más deprimente

0.3 Intención del Sermón

1. EL CONTEXTO ANTES Y DESPUÉS
   1.1 Agenda cargada
       1.1.1 Programa del día anterior
       1.1.2 Programa del día después
       1.1.3 Poder para todo y para todos

2. APROXIMACIÓN AL TEXTO
   2.1 Contrastes
   2.2 Furia vs Calma
   2.3 Debilidad vs Autoridad
   2.4 Cristo vs Viento

3. INVASIÓN DEL TEXTO
   3.1 Una tregua
       a. Factores que aumentan el miedo
          i. «al otro lado»: lo desconocido
          ii. «de noche»: la oscuridad
          iii. Una tormenta de noche

4. LA TORMENTA
   4.1 Lo imprevisto
   4.2 Sobre el mar de Galilea: Vientos solanos

5. ¿POR QUÉ OBEDECER?
   5.1 Reflexión. ¿Por qué obedecer?
   5.2 No pasaporte visado a un país sin dolor
   5.3 Lo contrario, más y nuevos problemas
       5.3.1 Raza/ mujeres–niños, refugiados, SIDA, vivienda
   5.4 ¿Cuál es la ventaja de obedecer? Su presencia es nuestra garantía de ser

6. LA CARRERA DESESPERADA: SUS DEFECTOS

7. COMPARACIÓN DE ACTITUDES: MARCOS, LUCAS, MATEO

8. IMPLICACIÓN DE LA DIFERENCIA: RETRATO DE LA REALIDAD HUMANA

   8.1 Terror con esperanza

9. RACIMO DE TORMENTAS: EXTERIOR E INTERIORES

10. UN DESENLACE INTERESANTE: Identidad de Cristo y la nuestra

CONCLUSIÓN: La muerte de Dietrich Bonhoeffer

Tarea: analice la estructura del sermón y responda de acuerdo a lo que ya aprendió en el contenido de este libro para comprobar si es un sermón destacado:

¿Describe el tema central?

La respuesta es no. El tema central se relaciona con «el poder de Cristo para calmar la tempestad».

¿Destaca la verdad central que hay que aprender?

Tampoco, la verdad central es que «Cristo puede calmar cualquier tempestad».

¿El título corresponde a la verdad central?

No. Se relaciona con temas secundarios del pasaje como la falta de fe y el miedo de los discípulos.

¿Las divisiones son el resultado de la verdad central y del orden natural del pasaje?

No, contienen un enfoque académico que no guarda conexión y unidad con el desarrollo de las ideas principales que surgen de la verdad central.

¿Es adecuado el número de puntos o divisiones?

No. Son muchas y no guardan relación entre sí.

¿La conclusión es acorde al título, al desarrollo, y el tema de todo el sermón?

No. La anécdota de Bonhoeffer, refuerza la verdad de tener fe hasta las últimas consecuencias y cómo nuestra conducta debe ser congruente con lo que hemos creído.

Resumamos: Este bosquejo no corresponde a un sermón transformador y edificante.

Un sermón antiguo de John Wycliffe basado en este relato, a mi criterio, lo tituló mejor, pues surge de la verdad central de todo el pasaje: «Cristo calma la tempestad».

Con este ejercicio comprobamos lo que hemos venido diciendo: la tarea de elaborar sermones transformadores no es fácil, pero tampoco es imposible.

Ejemplos de series temáticas, expositivas y textuales

He predicado muchas series de sermones. He comprobado que son muchos los beneficios para el predicador y para la congregación. Yo he sido el primer favorecido de todas las series que he elaborado. Les comparto dos o tres ejemplos resumidos de cuatro series que prediqué en la congregación. Les comentaré el nombre de la serie, el tema, los títulos de los sermones y las divisiones principales. No escribiré la introducción, oración transicional, los subpuntos o ampliación de las divisiones principales, ni tampoco la conclusión.

SERIE: LA ESPERANZA CRISTIANA ES PODEROSA
Consta de ocho sermones

Tema general: LA ESPERANZA CRISTIANA

Sermón 1 –temático–
Título: «La esperanza fortalece a la Fe»
«La esperanza fortalece nuestra fe» puede ser el otro título, un poco más personalizado, con aplicación.

Divisiones principales

1. La esperanza sostiene a la fe   Romanos 4:18
   (La esperanza sostiene nuestra fe)   Aplicación
2. La esperanza acompaña a la fe   Colosenses 1:23
   (La esperanza acompaña nuestra fe)   Aplicación

3. La esperanza purifica a la fe   1 Juan 1:33
   (La esperanza purifica nuestra fe)   Aplicación

Sermón 2 –expositivo–

Pasaje: Romanos 4:17-20

Título: «El hombre que se sostuvo por la esperanza»

«Los creyentes nos sostenemos por la esperanza» puede ser el otro título, un poco más personalizado, con aplicación.

Divisiones principales

   I. Abraham puso su esperanza en Dios que da vida a los muertos 4:17b
   (Pongamos nuestra esperanza en Dios que da vida a los muertos). Aplicación.

  II. Abraham mantuvo la esperanza al ver las estrellas Rom. 4:18
   (Mantengamos la esperanza al recordar las promesas de Dios). Aplicación.

 III. Abraham no perdió la esperanza al ver los obstáculos Rom. 4:19
   (No perdamos la esperanza, al ver los obstáculos). Aplicación.

 IV. Abraham se mantuvo firme porque creyó en esperanza Rom. 4:20
   (Nos mantenemos firme porque creemos en esperanza) Aplicación.

SERIE: EL SEÑOR RENUEVA NUESTRA FUERZAS

Consta de seis sermones.

Tema general: La Fortaleza Cristiana

Sermón 1 –expositivo–

Pasaje: Isaías 40:28-31

Título: «Dios renueva nuestras fuerzas»

Divisiones principales

a) Dios es poderoso, puede renovar nuestras fuerzas Isaías 40:28

b) Dios renueva nuestras fuerzas, en nuestra debilidad Isaías 40:29

c) Dios multiplica nuestras fuerzas cuando ya no tenemos Isaías 40:31

Sermón 2 –Expositivo–
Pasaje: Salmo 92:10-15
Título: «¿Cómo el Señor nos hace fuertes y fructíferos?»

Divisiones principales:

    I. Aumentando nuestras fuerzas como las del búfalo Salmo 92:10-11
    II. Haciéndonos florecer como la palmera y el cedro
       Salmo 92:12-13
    III. Haciéndonos fuertes aún en la vejez
       Salmo 92:14
    IV. Nos hace fuertes y fructíferos para anunciar la justicia del Señor
       Salmo 92:15

SERIE: CREYENDO Y HACIENDO. Un llamado a la fe y a la acción
Consta de 12 sermones
Tema general: Mi fe con mis obras se complementa

Sermón 1 –Expositivo–
Pasaje: Santiago 2:14-23
Título: «Mi fe la demuestro con obras»

Divisiones principales

    I. Cuando tengo fe para salvación lo demuestro con obras Stg. 2:14
    II. Cuando tengo fe como creyente, lo demuestro con obras Stg. 2:18
    III. Personajes que tuvieron fe y lo demostraron con obras Stg. 2:21-23

Sermón 2 –Temático–
Pasaje: Mateo 7:24-29; Stg. 1:22-27
Título: «Hacer la Palabra de Dios, hace la diferencia»

Divisiones principales:

    I. El que oye la Palabra y la hace permanecerá
       Mat. 7:24-25
    II. El que oye la Palabra y no la hace será derribado
       Mat. 7:26-29

III. El que oye la Palabra y la olvida es inestable
Stg. 1:22-27

SERIE: EL SEÑOR ES MI PROTECTOR
Consta de ocho sermones. Presento el resumen de los bosquejos de tres sermones.
Tema general: Dios protege a su pueblo

Sermón 1 –expositivo–
Pasaje: Salmo 91:1-2
Título: «¡Protegidos por el Señor!»

Divisiones principales:

I. Estamos protegidos bajo su abrigo Salmo 91:1a
II. Estamos protegidos bajo su sombra Salmo 91:1b
III. Estamos protegidos en su refugio Salmo 91:2

Sermón 2 –Expositivo–
Pasaje: Salmo 91:3-4
Título: «El Señor nos libra de peligros mortales»

Divisiones principales:

I. Nos libra del lazo del cazador
II. Nos libra de la peste destructora
III. Nos libra cubriéndonos con su poder protector
Simbolizados por «sus plumas», «sus alas», «su escudo», «su verdad».

Sermón 3 –Expositivo–
Pasaje: Salmo 91:5-6
Título: «¡Protegidos del temor!»

Divisiones principales:

I. No tendremos temor del terror nocturno
v.5a

II. No tendremos temor de las flechas lanzadas de día
v.5b

III. No tendremos temor a las enfermedades repentinas
v.6a

IV. No tendremos temor a las catástrofes que estallan al medio día
v.6b

Series biográficas

Es pertinente la sugerencia respecto de las buenas expectativas que produ-cen las series biográficas: «Una de las mejores maneras de atraer a la gente, es planeando una serie de sermones biográficos. Al discutir la serie biográ-fica, pensaremos primero en sermones sucesivos que tienen que ver con va-rios personajes que son algo parecidos, y luego, en sermones que tratan de un solo personaje. Después pensaremos en un asunto que es todavía más importante, es decir, cómo preparar una serie popular de sermones biográ-ficos» (Blackwood, 1976).

He comprobado esa verdad. El secreto radica en que los sermones se ba-san en historias de personajes de carne y hueso, entretejidas en situaciones muy humanas, trágicas, desgarradoras, desoladoras, conmovedoras, en las que no se apaga la luz de la esperanza, de salir triunfantes ante semejantes pruebas de aflicción y de muerte. En todas estas historias bíblicas se observa el hilo conductor de la entrañable misericordia del Dios de toda consolación. Es por ello que los oyentes se identifican con el dolor, el sufrimiento de los personajes y la victoria de muchos de ellos. No quedan indiferentes, su esperanza se fortalece creyendo que también ellos pueden ser reanimados y liberados.

Recursos bibliográficos básicos para elaborar los sermones

Todo predicador que aspire a elaborar y predicar mejores sermones, debe reconocer con humildad que necesita tener acceso a los recursos bibliográ-ficos. El apóstol Pablo recibió el evangelio por medio de la enseñanza que le dieron otros siervos, y también por revelación directa del Señor. Pero no dejó de leer las Escrituras y libros que le ayudaran a comprenderla mejor. Los apóstoles no descuidaron la lectura y otros recursos que podían con-sultar. Por ello, es imprescindible que el predicador tenga acceso a recursos primordiales.

Varias versiones de la Biblia

Tiene dos opciones: en formato de libro tradicional o digital. La ventaja de la herramienta del formato digital como el de *www.BibleGateway.com* es que le despliega en la pantalla de su ordenador entre cinco a siete versiones paralelas dependiendo del tamaño de la pantalla. Le proporciona sesenta versiones de la Biblia en inglés, diecinueve en español, cinco en alemán, cuatro en francés, y otros idiomas y dialectos. Su uso es amigable y funcional. Basta seleccionar el pasaje, pulsar en el icono de copiar y luego se ubica en Word donde va elaborar el sermón y pegar los pasajes y versículos que necesita.

Los otros recursos bibliográficos que describiré se encuentran en formato tradicional y algunos en forma digital.

Libros, comentarios, diccionarios especializados

Libros para estudiar palabras y versículos en griego. Serán de mucha ayuda para no predicar herejías.

- *Imágenes Verbales en el Nuevo Testamento*, Clie, Barcelona 1989.
- *Comentario al Texto Griego del Nuevo Testamento*, Obra completa, 6 tomos en 1 A. T. Robertson, Clie, Barcelona.
- *Nuevo Testamento Interlineal Griego-español*, Francisco la Cueva, Clie, Barcelona 1990.
- *Antiguo Testamento Interlineal Hebreo Español*, Clie, Barcelona 1990.
- *El Tesoro de David. La revelación escritural a la luz de Salmos*, C. H. Spurgeon, Texto completo, traducido y ampliado con notas por Eliseo Vila, Clie, Barcelona 2015.
- *Diccionario Expositivo de Palabras del Nuevo Testamento*, W. E. Vine, Clie, Barcelona 1984.
- *Ayuda Gramatical para el estudio del Nuevo Testamento Griego*, Roberto Hanna, Mundo Hispano, El Paso TX. 1998.
- *Clave Lingüística del Nuevo Testamento Griego*, ISEDET, Ediciones La Aurora, Buenos Aires 1986.
- *Nueva concordancia Strong, exhaustiva de la Biblia*, James Strong, Caribe, Miami 1984.
- *Concordancia de las Sagradas Escrituras*, Caribe, Miami 1978.
- *Diccionario expositivo de palabras del Antiguo y Nuevo Testamento exhaustivo*, W. E. Vine, Clie, Barcelona 2004.
- *Diccionario Hebreo Bíblico*, Moisés Chávez, Mundo Hispano, El Paso, Tx. 1997.

- *Palabras griegas del Nuevo Testamento*, W. Vine, Clie, Barcelona 1989.

Para quienes hayan estudiado griego les será fácil usar los siguientes materiales:

- *Léxico concordancia del Nuevo Testamento en griego y español*, Mundo Hispano, compilado por Jorge Parker, Mundo Hispano, El Paso, Tx. 1997.
- *The Greek English Interlinear New Testament*, Tyndale House Publishers, Inc., Wheaton, Illinois 1990.

Comentarios bíblicos

- *Comentario Bíblico de Mathew Henry*, 13 tomos en 1, traducido y adaptado al castellano por Francisco La Cueva, Clie, Barcelona 1999.
- William Barclay, *Comentario al Nuevo Testamento*, 17 tomos en 1, Clie, Barcelona 1991.
- *Comentario al Nuevo Testamento*, Hendriksen y Kistemaker (18 vols.) by Hendriksen, William, Kistemaker, Simon J. Libros Desafío, Baker 1981-2007.
- *Comentario y diccionario Beacon* (11 vols.), por 40 autores. Casa Nazarena de Publicaciones 2009-2010.

Diccionarios bíblicos

- *Nuevo Diccionario Bíblico Ilustrado*, Escuain, Vila, Clie, Barcelona 1985.
- *Nuevo Diccionario Bíblico*, V. A., Certeza, Buenos Aires 1982.
- *Nuevo Diccionario de la Biblia*, revisado y aumentado, Nelson-mayo, Caribe, Miami 1998.
- *Gran Diccionario Enciclopédico de la Biblia*, Editor general Alfonso Ropero Berzosa, Clie, Barcelona 2013.

SEGUNDA PARTE

Cómo predicar un sermón extraordinario

9

Consejos preliminares.
Declaraciones que aburren a los oyentes

Examinemos inicialmente los aspectos negativos que debemos evitar para predicar un mejor sermón.

Comienza a desinteresar a los oyentes si comete el error de usar frases como estas en los primeros segundos:

Quiero que me presten su atención

No es necesario que lo diga. Si ya están allí, es porque tienen expectativas. Están interesados en escuchar al predicador. Usted es el responsable de captar su atención o aburrirlos. No debe exigir que las personas presten atención. Cuando lo hace está poniendo al descubierto su incapacidad para captar el interés de las personas. La atención de los oyentes se cautiva, no se exige. La atención se capta no se demanda.

Este no es el mensaje que había preparado

Lo que está diciendo es que el primer mensaje que había preparado no era guiado por Dios, sino por sus ideas. Que Dios le está corrigiendo en el último momento, para que dé el mensaje «fresco». Está insinuando que Dios puede improvisar y que usted también puede hacerlo. Pero la improvisación es sinónimo de negligencia. Es claro que en algunas ocasiones puede improvisar, sí, las palabras, pero nunca las ideas.

No estoy muy bien de mi garganta

Decir algo negativo en los primeros segundos es contraproducente. En lugar de poner atención al mensaje les está desviando a que pongan más atención a su garganta. Si está afectado no lo diga, algunos lo notarán, otros no. Lo importante es que escuchen lo que tiene que decir, aunque la voz suene parecida al sonido de una trompeta desgastada.

Perdón por mi voz que no está clara

Usted no tiene que disculparse. Si comienza a pedir perdón está confesando que usted se siente culpable por no ir en la mejor condición y trasladar de la manera que usted quisiera su sermón. Esto le pone en desventaja frente a la audiencia. Esa expresión va en la misma dirección negativa que la anterior.

No me preparé muy bien

Es un error grave anunciar que no tuvo tiempo de prepararse para predicar. Los oyentes perderán el interés de inmediato y lo tildarán de irresponsable. Si tuvo algún evento de fuerza mayor y no se preparó, no es necesario que lo diga. Eche mano de la reserva de conocimiento que posee o revise uno de sus mejores sermones y úselo confiando en la gracia del Señor. Pero, recuerde, esta es la excepción, no la regla.

El sonido no está muy bien

No es necesario decirlo. Le costará arrancar y captar la atención. Tampoco le conviene irritarse y pedir, con un rostro avinagrado, que arreglen el sonido o que le suban el volumen. Se supone que usted tiene domino propio como siervo de Dios. Si eso ocurre en su congregación, será fácil tomar acción para que no vuelva a suceder, pero si ocurre en un lugar diferente los organizadores son los indicados para resolver el problema. No pierda la calma.

Denme un tiempo para empezar a explicar

Pensarán que no domina el contenido del mensaje, que está tratando de ver cómo logra iniciar. Es un indicio de que usted es de los que abusa del tiempo de los oyentes que amablemente le han cedido. Da la impresión que no puede empezar a explicar ya.

Perdón que no veo bien

Nadie se emociona al escuchar a alguien que anuncia que estará forcejeando con las letras que no logra distinguir. Si le da pena o vergüenza usar lentes, está pensando más en su imagen que en el Señor, el mensaje y la congregación. Si los necesita úselos, punto. Los oyentes van a escuchar a un hombre de Dios que predica La Palabra de Dios, no vienen a ver a un actor de Hollywood. O proceda como un predicador conocido en la televisión por sus sermones y campañas de sanidad, que no le gustaba usar lentes: se sometió a una cirugía láser. ¡Y, listo!

No quiero aburrirlos

El mensaje que les está dando a los oyentes es que usted sí es capaz de aburrirlos, pero que esa no es su intención. Tan solo con decir esa frase ¡Ya comenzó a aburrirlos!

No era yo el invitado para predicar, pero agradezco la oportunidad

Está diciendo que está allí de carambola, que es el invitado de segunda, porque el de primera no llegó. Les está transmitiendo el mensaje de que no esperen mucho.

Les voy a dar un mensaje muy lindo

Con esa frase quiere impresionar a la audiencia, pero suena vacía. Quiere decir mucho, pero está diciendo nada. Esa frase es ambigua, trillada. La frase «muy lindo», se parece a la otra frase que le dicen a uno cuando expresa una opinión sobre un tema serio y la respuesta que le dan es «mmm, interesante». Es un cumplido el que le están diciendo. Sí, interesante, pero no funciona, es lo que realmente le quieren decir.

He estado en jornadas intensas de predicación

Esa frase puede enviar varios mensajes. Está cansado, presumiendo o pidiendo su comprensión. A los oyentes no les interesa mucho cómo se siente. Les interesa oír el mensaje. Para ello están presentes.

¿Pueden oírme los de atrás?

Si está en su congregación esto debe estar perfectamente controlado. Si está en otra congregación no diga nada. Que escuchen los que están al alcance de su voz. No gana nada al poner en duda que algunos no están oyendo.

No los veo a todos

Sí, eso se da por sentado. A más de 20 metros de distancia es imposible ver a cada uno e identificarlos, mayormente si hay reflectores al frente.

Este punto lo tocaré más adelante

No es conveniente que anticipe a cada cierto tiempo que abordará ciertos puntos «más adelante». Usted mismo está interrumpiendo y desviando la atención de su auditorio. A todos nos ha sucedido más de alguna vez. El problema es cuando se convierte en costumbre. He oído predicadores que lo dicen una y otra vez y al final no paran de hablar de lo anunciado al principio. Eso es un pecado de omisión mezclado con falsas promesas.

¡Apaguen sus teléfonos!

Hoy es casi imposible que obedezcan esa petición. Muchos de ellos están usando sus teléfonos para anotar, grabar. Otros decidirán escuchar atentamente la predicación sin usar su dispositivo móvil.

No escriban, les enviaré mis notas

El predicador cae en este error porque siente que no le están poniendo atención al escribir. Pero hay ideas que se olvidarán para siempre si no se anotan. Ni se le ocurra hacerlo. Predique libremente.

Seré breve

Casi todos los predicadores que dicen esa frase al inicio, no son breves. Mienten con buena intención. Pierden autoridad y serán mal recordados. Pero otro inconveniente con esa afirmación es que envían el mensaje de que no es importante lo que van a decir.

Los que no vinieron se lo perdieron

Cuando un predicador expresa esta frase, da a entender que la asistencia es baja, que se siente incómodo y dolido. Eso es contraproducente, en lugar de animar a los presentes los desmotiva.

Daré un mensaje fuerte que molestará a algunos

Si el mensaje es bíblico no tiene por qué poner a la defensiva de antemano a la audiencia. Es la palabra de Dios que actuará por sí misma. Que la reciban los que están dispuestos y que se enojen los orgullosos. El resultado déjelo en las manos de Dios.

¿Qué tienen en común todas estas frases? Son distractores. Las personas han ido para escuchar mensajes de fe, esperanza, consuelo, consejos espirituales prácticos, para enfrentar la vida diaria, no para oír quejas, excusas o improvisaciones que desvían y restan valor a lo importante: el sermón.

10

Otras formas de aburrir a los oyentes

Pronunciar oraciones largas antes de leer el texto bíblico

Si ya se ha orado desde el principio en el servicio poniendo todo en las manos de Dios, no es necesario orar otra vez por la predicación. Y menos con oraciones largas. Si desea orar, antes de predicar, sea breve. Sus oyentes se lo agradecerán.

Introducciones largas

La introducción debe ser eso: una introducción, no una desproporcionada información que los oyentes confundan con el cuerpo del mensaje. Las historias que cuente deben ser breves, con un mensaje claro y coherentes con el tema del sermón. Comience con información concreta: hechos, historias seculares o bíblicas, experiencias personales. La audiencia se identificará de inmediato.

Emplear un tono y modo de voz monótonos

Evite una voz con un solo tono permaneciendo en un mismo ritmo y sonido. Esa forma de hablar anestesia a los oyentes. Tampoco hable de manera muy lenta, como arrastrando las palabras y frases porque eso desespera, pero no se vaya al otro extremo hablando rápido, sin parar, de tal modo que ya casi no le da tiempo de tomar aire y respirar, porque entonces mareará a sus oyentes.

Otro error es mantener el tono de voz alto, gritando todo el tiempo, creyendo que tendrá más impacto o que es sinónimo de estar lleno del Espíritu. Esta forma de hablar, al final, pierde efectividad. Como dice Spurgeon con su singular estilo: «No hagáis doler a vuestros oyentes la cabeza, cuando lo conveniente sería hacer que les doliera el corazón, cierto es que debéis procurar mantenerlos despiertos, pero recordad que para esto no es necesario romperles el tímpano» (Spurgeon, 1980).

Lo que ayuda es predicar con vehemencia, con seguridad, que no le importe su timbre de voz. Úsela de manera natural, no imite a otros. Es importante que la congregación vea y escuche a alguien que cree lo que está diciendo, que lo vive. Aunque su voz no sea muy fuerte, haga énfasis, pausas, alce la voz, bájela, hable despacio, luego acelere, acorde a los contenidos que está compartiendo. El hablar de manera suave y plana, como un zumbido de abeja, es mortífero. Tendrá gente bostezando o durmiendo por docena.

Pronunciar con debilidad las palabras

Cuando lea el texto base y predique ponga fuerza en las palabras y frases importantes. Pero ello no significa hablar fuerte, de manera continua, sino con emotividad en las palabras y frases importantes. Es un error hablar de esta manera: «La gran verdad es que en medio de la crisis Dios puede cambiar toda nuestra vida con tener fe en Jesucristo; es lo que necesitamos».

Lo correcto es que lo realicemos así: «LA GRAN VERDAD es que, en medio de LA CRISIS, DIOS **puede cambiar** TODA **nuestra vida con tener FE en JE-SU-CRIS-TO**, es lo que necesitamos».

Las palabras en mayúsculas hay que pronunciarlas con más fuerza y emoción, las oraciones en minúsculas y sin negrillas con un tono normal, las que están en negrillas con un énfasis intermedio y la palabra en mayúscula y separada por guiones con una voz más fuerte, pero es-pa-cia-da. Así logramos un efecto de convicción y de importancia en lo que estamos leyendo o predicando. Es funcional que haga una pausa de tres o cuatro segundos después de haber pronunciado una frase que le imprima fuerza.

Predicar con incertidumbre

Nadie tolera la predicación permeada por la incertidumbre. Sabemos que el Evangelio es poder de Dios para salvación a todo aquel que cree. Pero en algunas predicaciones pareciera lo contrario, aunque posean contenido bíblico son indecisas y por lo mismo predicen que no habrá fruto.

Hoy vemos a muchos predicadores que atraen la atención del público por la forma en que hablan, no por el contenido de lo que dicen. Pueden estar enseñando una herejía, pero lo hacen con tanta convicción que las personas creen lo que están oyendo. Esa parte positiva debemos imitarla, la otra no.

Predicar con nerviosismo

El nerviosismo y el titubeo se perciben de inmediato. Provocan desconfianza en la audiencia. Por ello, hay que dominarlos con oración, con un dominio completo del sermón, confiando que el Señor está con usted para darle respaldo y autoridad. Si todavía así usted es uno de los que tienden a ponerse nervioso, sudando la frente y las manos, tartamudeando un poco, temblando las piernas…, use, aunque sea por un momento el humor y lo que Viktor Frankl llama «la intención paradójica», que es justamente procurar intencionalmente lo que no se quiere. Por ejemplo: Usted puede pensar o decir «si he de sudar, sudaré a un más», «voy a intentar voluntariamente sudar más»; si usted es de los que tartamudea, piense o diga por un momento: «Si he de tartamudear lo haré mucho más», y si le tiemblan las piernas: «Comenzaré a temblar aún más de las piernas», pero no dejaré de predicar. Comprobado: Ello ahuyentará el temor, no sudará, ni tartamudeará, ni temblará. Verá que lo que se enfrenta sin miedo no sucede. Pero lo que se teme, sucede. Porque el miedo tiende a provocar justamente aquello de lo que se tiene tanto miedo (Frankl, 1999).

En una ocasión un ministro me compartió que justo antes de predicar sufría de mareos, sentía desmayarse, aunque no tenía enfermedades subyacentes. Yo le aconsejé que orara, que dominara su sermón, que confiara en Dios, pero que, si persistían los nervios, le dije: «piense por unos momentos y diga para sí… voy a intentar desmayarme voluntariamente y lo haré para la gloria de Dios, no tendré temor de desmayarme» y de inmediato observó que desaparecieron los síntomas.

Dar importancia al lenguaje corporal y no al contenido

Los manuales tradicionales de homilética ponen énfasis en la importancia del lenguaje corporal para comunicar efectivamente el mensaje. Es claro que ayuda, pero no es suficiente. Es un elemento secundario.

He observado a predicadores que se mueven de un lado a otro, sin parar, implementando excesivos ademanes que no reafirman lo que están diciendo. El resultado es que los oyentes se fijan más en los movimientos que en el contenido del sermón. Es atinado moverse de manera estratégica y que el lenguaje corporal sea acorde con lo que se dice. Pero lo contundente es el mensaje, no la forma del sermón, ni el lenguaje corporal, sino el contenido. Si nos atenemos al ejemplo del mejor predicador de la historia: Jesús de Nazaret, descubrimos que no le daba importancia al lenguaje corporal. Enseñaba sentado:

Marcos 9:35 (LBLA) «Sentándose, llamó a los doce y les dijo: Si alguno desea ser el primero, será el último de todos y el servidor de todos».

Lucas 5:3 (RV60) «Entrando en una de aquellas barcas, la cual era de Simón, le rogó que la apartase de tierra un poco y, sentándose, enseñaba desde la barca a la multitud».

Juan 8:2 (RV60) «Y por la mañana volvió al templo, y todo el pueblo vino a él y, sentado él, les enseñaba».

Sentado y sin muchos movimientos corporales, Jesús de Nazaret ha sido el mejor predicador y maestro que ha existido. Nadie ha predicado sermones extraordinarios como él. Cada vez que predicaba cautivaba de manera inmediata las mentes y los corazones de los oyentes. «Nadie ha hablado como ese hombre».

He visto muchos predicadores que apenas se mueven del púlpito, que tienen cautivada a la audiencia por la forma en que hablan o por el contenido excelente que comunican. Hay predicadores que comunican el mensaje sentados, como el exótico predicador Darío Salas. Siempre mantenía cautivados a sus oyentes, independientemente si lo que enseñaba era correcto o no. Nadie podía negar su elocuencia. Era impresionante oírlo decir de memoria, con denuedo, largos pasajes de la Biblia. Siempre mostró un buen sentido del humor. Conocí a otro pastor predicador que no se movía en absoluto, su timbre de voz no era fuerte, pero sus enseñanzas eran tan bíblicas y tan prácticas que miles de personas asistían a los servicios dominicales. Su iglesia local llegó a tener quince mil miembros.

Vi y escuché a un orador que era cojo, subió la plataforma arrastrando su pierna derecha, apoyó sus manos sobre el podio. Comenzó a hablar de tal manera, con vehemencia, convicción y con un contenido de excelencia que cautivó a la audiencia de principio a fin.

Es cierto que, si coordinamos de manera natural la gesticulación con lo que estamos diciendo es efectivo. El gesto natural puede ser un compañero inseparable de la palabra. La expresión, los brazos y las manos que reafirmen adecuadamente los pensamientos, son poderosos. Un predicador que no utilice gestos y su sermón sea aguado está doblemente condenado al fracaso. En este caso se escuchan solo palabras y sonaría igual que oír un discurso en el pico de un loro. Un orador que deja que sus gestos hablen, refuerza sus argumentos y vigoriza los pensamientos. Pero, recordemos, lo esencial es el contenido que se transmite, no el lenguaje corporal.

Sabemos que lo importante es el contenido y no el lenguaje corporal, pero no quiero decir que lleguemos a ser anti expresivos. Es perjudicial mostrar fisonomías nefastas como un rostro tenso o un ceño fruncido, una sonrisa nerviosa, con los hombros caídos o encogidos y los pies débilmente apoyados, encorvados, con el cuerpo echado hacia adelante. Eso sería una tragedia andante (Betancur, 1999).

Comenzar el sermón con humor

El predicador que comienza su sermón con un chiste juega a perder. Está comprobado que el 95% de los casos fallan. El don y el arte de hacer reír a las personas son escasos. Aun los humoristas profesionales, no comienzan contando chistes en los primeros segundos de su participación. Comienzan hablando en serio, pero están tan dotados que aun cuando hablan en serio, la gente se ríe. Tampoco tiene que ser pesado, o parecer muy solemne, no. Simplemente sea usted. Cuando venga muy al caso una anécdota humorística y usted sepa que ayudará para que comprendan mejor un punto del sermón, hágalo. Tenga presente que no es en sí el chiste, es la forma de contarlo.

Predicar sermones muy largos

A menos que sea un sermón excepcional, la audiencia aguantará una hora o una hora y media. Pero de todos modos retendrá poco. Está comprobado que cuanto más largo sea el sermón, menos captan. Como dice el refrán, en el contexto del sermón: «De lo bueno poco, doblemente bueno, de lo malo poco, menos malo». Son suficientes cuarenta y cinco, cuarenta, y hasta treinta minutos. Predicadores de antaño tomaban una hora y hasta dos horas, pero no empleaban ese tiempo en charlatanería o información de relleno y sus oyentes eran personas que disponían de más tiempo. En estos tiempos hipermodernos, las distancias, el tránsito denso, las jornadas de trabajo, los estudios, las multitareas hacen casi imposible que los asistentes dispongan de más tiempo. Si en treinta o cuarenta y cinco minutos no puede decir algo importante el predicador, tampoco lo hará en una hora o más. Bienaventurado el predicador que sabe decir las palabras justas en el tiempo justo, lo volverán a invitar, desearán escucharlo de nuevo. Es incorrecto abundar en palabras, tiempo y disminuir verdades. Está comprobado que buenos sermones se acaban arruinando por extenderse innecesariamente.

Comenzar leyendo el sermón

Ello provoca un distanciamiento entre el predicador y la audiencia, no rompe el hielo, no tiende un puente de diálogo, de amistad, de acercamiento. La introducción y la conclusión del sermón no deben leerse. Pues las primeras palabras son de suma importancia, éstas abren o cierran las puertas de la atención de los oyentes. Y la conclusión es un momento en el que se apela al corazón de los inconversos y los creyentes. Debe ser solemne, directa, breve.

11

Cómo captar la atención desde el principio y acciones

El sermón extraordinario cautiva la atención de los oyentes desde el principio. Provoca que las personas se dispongan en su mente, su ánimo y físicamente para recibir el resto del contenido del mensaje.

Acciones que ayudan a captar la atención

Prepare muy bien el inicio

Invierta el tiempo que sea necesario para que el inicio sea atractivo. Una de las cuestiones más difíciles es diseñar un inicio interesante. Eso requiere disciplina, dedicación y tiempo para pensar. Algunos no lo hacen porque pensar cansa. Prefieren evitar la fatiga mental. Martín Lutero lo sabía. Afirmó que el trabajo del campesino es duro, pero el del teólogo y del predicador también lo son porque tienen que «devanarse los sesos» estudiando, interpretando, entendiendo las Sagradas Escrituras, durante horas y horas. Muchas veces pasó meses tratando de entender el significado de un solo versículo. Y decía, «este texto no quiere ceder, pero cederá». Así que no se arrepentirá del tiempo que gaste en elaborar un buen inicio, un buen desarrollo y un buen final. Si lo consigue observará la receptividad plena de la audiencia.

Escoja bien las primeras frases

Esta acción va de la mano con la anterior. Las palabras, frases y oraciones dichas en los primeros treinta segundos son cruciales para captar la atención de los oyentes o desinteresarlos. «En los discursos es de primerísima importancia comenzar bien… mucho depende de la primera impresión y de las palabras iniciales. A menudo se gana o se pierde un auditorio con las cinco o seis primeras frases» (Carnegie, 2003). Los predicadores destacados saben que uno de los asuntos más importantes en un mensaje es preparar un comienzo atrayente.

El inicio y las primeras frases expresadas se relacionan con la introducción. Para ser efectivos, hay que tomar en cuenta los siguientes aspectos:

Despertar una sana curiosidad al contar un suceso único, al plantear una pregunta penetrante, exhibiendo algo que llame la atención, datos estadísticos inéditos, traer a la mente imágenes, pero todos relacionados con el tema y la verdad central del sermón.

Es pertinente que la introducción sea breve, llamativa, original, adecuada, para captar de inmediato la atención, y preparar a los oyentes para que reciban con entusiasmo la predicación.

Use oraciones específicas

Una buena parte de los sermones comienzan con estas frases y oraciones:

«En todo el país el matrimonio está en crisis»

«La contaminación ambiental nos está afectando a todos...»

«Actualmente vivimos en una época de estrés...»

«Todos los seres humanos se han enfrentado con la realidad del sufrimiento...»

«Hoy por hoy todos los países están secularizados y no buscan los asuntos espirituales...»

«Estamos en tiempos difíciles...»

«Hoy en día las cosas van de mal en peor»

¿Qué tienen en común estas frases? Todas son afirmaciones generales, ambiguas, que someterán al predicador a rodeos que provocan incertidumbre y fastidio en los oyentes. El propósito es atraer la atención de los oyentes, pero estas palabras producen lo contrario, la ahuyenta.

Use frases y oraciones vivenciales

Si en lugar de comenzar así:

«En todos los países el matrimonio está en crisis; estamos viviendo una degradación moral sin precedentes. Los movimientos que están en contra del matrimonio se han multiplicado, han impactado negativamente en tal grado que muy pocos consideran importante el matrimonio». Ese es un estilo enciclopedia. Es aburrido.

Comienza así:

«Hace tres años mi matrimonio estuvo a punto de destruirse».

«Ayer un amigo me llamó para decirme que tenía en sus manos los papeles para firmar el divorcio».

«De cada cinco consejerías matrimoniales que imparto, tres se relacionan con la idea o petición de divorcio de uno de los cónyuges».

Nadie se quedará indiferente. Todos se identificarán con el alto grado de deterioro del matrimonio. Pensarán que es tan serio que, si no están alerta y toman acciones concretas en su matrimonio, enfrentarán la posibilidad de que el divorcio toque las puertas de su casa. En este punto están deseosos de escuchar lo que quiera decir el predicador en relación al tema. Esperan que les de consejos de cómo evitar que sus matrimonios se arruinen.

Si en lugar de comenzar así:

«La contaminación ambiental nos está afectando a todos. Tenemos que realizar algunas acciones, porque las consecuencias son graves a nivel mundial. En algunos países ya padecen escasez de agua… bla, bla, bla».

Comienza así:

El 20 de abril de 2010 las aguas del golfo de México se convirtieron en una marea negra por la explosión de una plataforma petrolífera, derramando petróleo de forma incontrolada. Millones de especies acuáticas murieron.

Todos captarán las consecuencias graves de una contaminación de esa índole. Estarán preparados para escuchar la transición que hará hacia el tema: «Cómo librarse de la contaminación espiritual».

Si en lugar de comenzar así:

«En las grandes ciudades los accidentes de tránsito están aumentando»

Comienza así:

«El viernes por la mañana fui testigo de un trágico accidente…».

«Hoy, a medio día, a un camión que transportaba combustible no le funcionó el sistema de frenos y colisionó con cuatro vehículos que esperaban que el semáforo diera luz verde».

«En nuestra ciudad, de todos los que fallecen a diario, la mitad son a causa de accidentes de tránsito».

En el acto, los oyentes se identifican con el peligro latente al que se enfrentan ellos a diario.

Si en lugar de comenzar así:

«Actualmente vivimos en una época de estrés. Es un proceso natural del cuerpo humano, que genera una respuesta automática ante condiciones externas que resultan amenazadoras o desafiantes».

Comienza así:

«Un estudio realizado en la Universidad de Barcelona, publicado en el año 2017, reveló que 70% de los males de estómago se relacionarían con el estrés».

Todos los oyentes se impresionarán e incluso se identificarán, y querrán escuchar el sermón: «Cómo manejar el estrés».

Cuente historias

Si comienza a narrar hechos o historias reales, breves, pertinentes, todos estarán atentos. Pues son relatos vivenciales, no temas abstractos. Estas harán que los oyentes se den por aludidos. Se asombrarán de que es tan real lo que oyen que les concierne. Corro el riesgo de ser repetitivo: las primeras palabras que digamos en la introducción, deben ser certeras. Recuerde: tiene que decir algo interesante en las primeras frases.

Cuente buenas historias seculares

Si va a contar hechos o historias seculares para introducir el sermón, tienen que ir en consonancia con el tema del sermón. Si no es así es puro entretenimiento desenfocado. Pero bien coordinadas, nos ayudan mucho para introducirnos en el plano espiritual. Uno de los predicadores que utilizó este método con éxito, en todo su ministerio de predicación en la radio y la televisión, fue Pablo Finkenbinder. Su programa «Un mensaje a la conciencia» que impactó en la vida de creyentes y no creyentes comenzaba con una anécdota, historia o incidente que encajaba perfectamente con el enfoque del sermón. Su programa ha llegado a millones de personas.

Cuente historias bíblicas

Sugiero que escuchemos atentamente la recomendación de Barth en cuanto a las historias y anécdotas seculares en la introducción del mensaje. Él afirma que no es conveniente empezar con historias paganas, ni usar el «argot de Canaán», porque no guardan relación directa con la palabra de Dios. Son irrelevantes en contraste con la Palabra de Dios. Él los considera como extravíos peligrosos.

Señala que hay abundante riqueza de hechos e historias bíblicas que al usarlos en la introducción y contextualizarlos producen excelentes resultados. Nos conectan eficazmente. Es menos violenta la transición para desarrollar el cuerpo del mensaje y no habrá forcejeo entre la introducción y el desarrollo de los sermones. La otra recomendación de Barth es entrar directamente en el desarrollo del sermón en los pasajes que son como una mina de oro, por lo que no necesitan una introducción (Barth, 1980).

Alterne historias seculares y bíblicas

Yo recomiendo usar ambas modalidades. Me inclino en primer lugar por la propuesta de Barth. Pero reconozco que, en algunos casos las historias y anécdotas de nuestra época moderna son más comprensibles. Se identifican más con nuestra realidad. Por ejemplo, si predicamos un sermón titulado «Tres consejos para ser libres de ataduras», una introducción que muchos entenderían fácilmente, sería la de contar una historia breve sobre el abuso del *smartphone*, las redes sociales, los juegos electrónicos, la inundación de publicidad atractiva, chats, la pornografía. Ello demostraría que se ha convertido en una atadura para incrédulos y creyentes por igual. Luego nos conectamos a los textos que tratan el tema de la esclavitud espiritual o práctica, para finalizar con la manera de ser libres. Los oyentes escucharán atentos cómo se cae sutilmente en esas esclavitudes y les interesará saber cómo pueden liberarse de ellas. Entenderán la situación que estamos viviendo, la complicación que todos podemos tener, pero sabrán la solución.

Comience con una pregunta

Funciona comenzar con una pregunta hacia los oyentes. Los pone inmediatamente a pensar en las posibles respuestas. Les interesa saber si no tienen las respuestas. Es una manera infalible de captar su atención.

Jesús de Nazaret, el más grande predicador que ha existido, usó con frecuencia este recurso al iniciar una enseñanza:

Mateo 17:25b NVI ¿Tú qué opinas, Simón? Los reyes de la tierra, ¿a quiénes cobran tributos e impuestos: a los suyos o a los demás?

Mateo 18:12 (TLA) ¿Qué opinan? Si uno de ustedes tiene cien ovejas y se da cuenta de que ha perdido una, ¿acaso no deja las otras noventa y nueve en la montaña y se va a buscar la oveja perdida?

Mateo 22:42 (DHH) Jesús les preguntó: ¿Qué piensan ustedes del Mesías? ¿De quién desciende? Le contestaron: Desciende de David.

Lucas 10:36 (LBLA) ¿Cuál de estos tres piensas tú que demostró ser pró-jimo del que cayó en manos de los salteadores?

Lucas 13:4 (NTV) ¿Y qué piensan de los dieciocho que murieron cuando la torre de Siloé les cayó encima? ¿Acaso eran los peores pecadores de Jerusalén?

La pregunta tiene que ser bien planteada, que apunte a un tema específi-co, para que no dé lugar a tan variadas respuestas. No faltará alguien del público que alce la voz y de una respuesta comprometedora que desvíe el propósito del sermón.

Muestre algún objeto

Mostrar una simple llave, un lápiz, una hoja de papel en blanco, un reloj, un vaso, una moneda como lo hizo Jesús, para enseñar la responsabilidad civil y religiosa, resulta muy útil. Recuerdo a un predicador que mostró dos hojas de papel tamaño carta, pegadas. Intentó separarlas sin que se rompieran, pero fue imposible, y afirmó: «Siempre habrá destrucción cuando se da un divorcio». El sermón se relacionaba con las consecuencias destructivas del divorcio. Impresionados todos, atentos, estábamos listos para escuchar la predicación que había preparado.

Cite frases famosas

Sócrates dijo: «Conócete a ti mismo», pero Jesús dijo: «Niégate a ti mismo».

Comience con una a irmación sorprendente

«El ave que vuela más alto es el buitre Griffon de Rupell, uno de ellos chocó contra un avión que sobrevolaba la Costa de Marfil a 11.277 metros».

Esta afirmación prepararía a la audiencia para escuchar un sermón sobre la realidad de que en este mundo estamos expuestos a toda clase de peligros repentinos.

«La palabra cristiano aparece solo tres veces en el Nuevo Testamento, pero las palabras discípulo y discípulos más de doscientas setenta veces, incluida la palabra discípula una vez».

Esta afirmación abrirá la mente de los oyentes para escuchar gustosa-mente el sermón «Somos llamados a ser discípulos».

12

Actitudes que ayudan a que el sermón sea destacado

Sea ameno

Ser ameno significa ser agradable, apacible, amable, no se relaciona con hacer bromas, contar chistes y reírse. Es mostrarse afable, cortés. Observar a un predicador radiante, que transmite paz y alegría es atrayente. Pese a lo importante y serio que sea el mensaje transmitido en la predicación, es imperante ser ameno. Eso ayudará a ganarse la voluntad de la congregación en cuanto que resulta lozano. El predicador que no es ameno corre el peligro de ser rechazado. Ello no ayudará para que la congregación reciba con libertad el mensaje del evangelio.

Sonría

Una sonrisa sincera abre la puerta en todos lados. Es la distancia más corta entre sus oyentes y usted. Un rostro serio, agrio, levanta una barrera. Si quiere empezar bien, suba al púlpito con una sonrisa sobria, sincera. Ello preparará el ambiente para que deseen escuchar lo que usted va a predicarles. Recuerde que seriedad y santidad no son sinónimos. Los Fariseos eran serios, estilizados, pero no practicaban la santidad. Jesús les dijo en varias ocasiones «hipócritas».

Hable de manera natural

Hable de manera espontánea, con su tono y timbre de voz. El predicador que imposta su voz al subir al púlpito se arriesga a que lo definan como uno que aparenta lo que no es. Él no es un locutor de radio o televisión, es un portavoz del Señor que habla con naturalidad. Si finge la voz, es capaz de fingir humildad. No hay que llevar un ropaje de santidad que se quita al bajar.

Sea expresivo

Nuestro mejor indicador es el tono con el que hablamos. No se puede hablar de gozo, de fuerza, de amor, sin las expresiones que correspondan a esas emociones. «De la abundancia del corazón habla la boca» y «el corazón alegre hermosea el rostro». Entre el público las emociones prevalecen sobre la lógica. La predicación del evangelio conlleva emotividad, porque su tema es Jesucristo y experimentar a Jesús significa exclamar de alegría.

No podemos expresar más de lo que somos. Podemos hablar con autoridad, si lo que decimos lo vivimos. La expresión es completa solo cuando decimos una verdad de la que estamos convencidos y eso se refleja en nuestro rostro. Cuando no es así, solo se habla o se grita. La emoción es recíproca, pues en la medida en que un predicador esté conmovido por el Espíritu inflamará el corazón de sus oyentes.

Predique cada sermón como único

En la vida de cada orador hay siempre un día, una ocasión única e irrepetible: la predicación del sermón. Esa ocasión marca y define la talla de un predicador. Cada sermón que predique, trasládelo como el más importante que jamás haya predicado. Si no se realiza de esa manera, se pierde esa ocasión, se pierde un peldaño en la escala hacia la madurez del predicador. Por ello, hay que saber vivir el momento único de cada sermón. El secreto de los grandes oradores ya fuesen políticos o religiosos, fue su realismo ante el momento que se les permitió vivir la emoción.

Sea vulnerable

Comparta sus experiencias personales de victorias, pruebas y derrotas en los momentos pertinentes. No tiene que convertirse en un patrón. Pero si siempre damos opiniones de los demás; si describimos cosas que nos han contado o repetimos lo que hemos leído, el sermón sabrá a segunda mano, a comida recalentada. Al final el público puede ponerlas en tela de juicio. En cambio, lo que nos ha pasado a nosotros mismos, lo que hemos vivido, vienen envueltas en un halo de pureza, tiene un sabor a una cosa cierta: ¡Sencillamente son noticia! La congregación lo cree. Les aumenta la fe y la confianza. En ese sentido somos una autoridad mundial en lo que estamos contando. Siempre y cuando se use con medida.

Sea apasionado

Viva el sermón en la transmisión del mensaje. Hay quien confunde la pasión con el grito. El grito por sí solo es un mal recurso, pues tras él no hay nada más. El grito continuado pierde su efecto, no es persuasivo, sino no hay nada más. Obliga a seguir gritando. Pasión es ponerle carne, sangre y sentimientos a lo que se dice.

Sea claro

La claridad en la comunicación del mensaje es una necesidad. El predicador que no se da a entender es, porque él mismo no ha entendido lo que quiere comunicar. Trasmitir ideas claras, sencillas, aseguran la receptividad de la audiencia. Si no hay claridad, la ambigüedad hará acto de presencia y dará a luz confusión (Costas, 1989). Por ello, el predicador debe comprender bien lo que quiere transmitir, luego trasladarlo de forma ordenada, llamativa, balanceada a semejanza de cómo se prepara y se sirve una buena comida: una entrada, el plato fuerte y el postre.

Si algo aturde a los oyentes, es un predicador impreciso que habla de varios temas en el mismo sermón. No lleva coherencia, predica salteado, se adelanta, regresa, da vueltas. He oído a predicadores que anuncian el tema sobre santidad, pero luego hablan del amor, se pasan a la fe, hablan un poco del perdón, del fruto del Espíritu y algunos regresan al tema de santidad. Las posibles razones son: a unos les falla la memoria, otros improvisan, algunos caen en extravíos involuntarios, etc., así preparan sus sermones.

También es un error que el predicador escoja palabras de difícil pronunciación. Todo cuanto diga debe decirlo con la autoridad de quien conoce bien el tema, de lo contrario su sermón se parecerá a la acción de dar golpes al aire. El predicador debe mejorar siempre la manera de expresarse, pero no tiene que confundir tampoco la versatilidad con la elocuencia, ni la palabrería con la sólida y clara argumentación bíblica.

Sea sencillo

En el campo evangélico es bastante común confundir algunos términos tales como humildad y sencillez. Estos términos se aplican a las personas por el simple hecho de auto desestimarse. Es mucho más fácil que midamos la sencillez, por la luminosidad de ideas y de conceptos; por la gratitud y la humildad manifestadas diariamente en nuestra conducta, en nuestra predicación, por el llamado inmerecido.

Hagamos un esfuerzo constante en presentar el Evangelio a los muchos y no a una minoría. Paradójicamente, no es fácil ser sencillo en la comunicación. Si a usted, predicador, le dicen espontáneamente que su mensaje es sencillo, claro, y directo, recíbalo como un elogio, no como una crítica negativa. He visto que los sermones de esa estirpe son lo que provocan resultados extraordinarios de conversiones y edificación de los creyentes.

Use un vocabulario limpio y neutro

Use las palabras normales entendibles para todo nivel. Si es necesario usar alguna palabra técnica, explíquela. No use palabras que posean una connotación vulgar, ofensiva, aunque no sean necesariamente palabras soeces. Las palabras que exprese deben ser «sazonadas».

Tenga una actitud entusiasta

Es interesante ver que la palabra entusiasmo viene del griego clásico. Significa llenarse de la divinidad y de la creatividad de Dios. Para nosotros tiene más una connotación de una actitud positiva. Pero aquí la uso en el sentido de creatividad que viene de Dios, para predicar frente a todo tipo de congregaciones.

Si predica en su iglesia, lo hará con más conocimiento del ambiente que es característico de su congregación. Aun así, algunas veces se topará con que el ánimo no es el mismo. Percibirá algún tipo de barrera.

Cuando predique en otras congregaciones debe saber que hay tipos diferentes de actitudes: apática, crédula, escéptica, hostil y mixtas (Costas, 1989). En algunas se combinarán más de dos de estas actitudes por lo que resultará una mezcla dura de moldear. Es ahí donde tendrá que enfrentarlas con entusiasmo y no desanimarse.

Entréguese por entero

En la comunicación del sermón es menester que el predicador esté presente en cuerpo, alma y espíritu. Se derrame por completo con todo su ser. El mensaje divino merece que se entregue con toda la capacidad emocional, física y espiritual, para que llegue de manera potente a los oyentes. Si no se transmite de esa manera, la audiencia permanecerá fría. Oirá a alguien que está presente en el cuerpo, divagando en la mente y posiblemente ausente en el espíritu.

TERCERA PARTE

Cómo ser un predicador extraordinario

13

Requisitos del predicador extraordinario

Predicador apto y sermón extraordinario van de la mano. No existe sermón poderoso independiente de la vida y la persona de quien lo predica. Así como el vaso limpio hace posible que el contenido que se deposite en él permanezca libre de contaminación, así el predicador idóneo hace posible que el sermón fluya con vigor y pureza.

Es llamado por Dios

Ningún ministro auténtico se ha llamado a sí mismo, tampoco ha sido empujado por otros para que se dedique a esa santa tarea. Es el Señor mismo quien lo ha decidido. Veamos algunos ejemplos bíblicos: «Dios me dijo: 'Yo te elegí antes de que nacieras; te aparté para que hablaras en mi nombre a todas las naciones del mundo'» (Jeremías 1:4-5, TLA); «El Señor le dijo: Ve, porque él es mi instrumento elegido para llevar mi mensaje a los gentiles y a reyes, como también al pueblo de Israel» (Hechos 9:15, NTV).

Dios hace apto a quien llama al ministerio de la predicación. Se encarga de que quienes le oigan reconozcan que tiene un llamado. Lo paradójico para muchos es que cuando Dios llama al creyente, al principio se rehúsa, se confiesa incapaz, que no califica, pero el Señor tiene sus métodos para atraerlo con cuerdas de amor, hablarle al oído y convencerlo de tal manera que finalmente le es imposible resistirse. Por contraste, quien se llama a sí mismo fracasará tarde o temprano. El que no es llamado y juega a ser predicador tiene perdida la batalla por anticipado. Sabemos que en el sentido amplio todo creyente es sacerdote y por tanto puede y debe anunciar de alguna manera el mensaje. Todos, en ese sentido, somos heraldos. Pero aquí estoy refiriéndome al llamado específico del ministerio de la Palabra, el ministerio de la predicación y su relación vital con el predicador.

Es convertido

Esta declaración parece innecesaria, porque se da por sentado que el predicador es salvo. Pero la historia demuestra que desde los tiempos bíblicos hubo falsos apóstoles, falsos predicadores, falsos maestros, falsos profetas, falsos pastores.

Hay evidencia en la historia de la iglesia y de la predicación cristiana que hombres impíos han ocupado los púlpitos y las cátedras en las congregaciones y seminarios cristianos. Ello concuerda con la palabra profética en el NT de que los falsos ministros y predicadores aumentarán en los últimos tiempos. Siempre los tendremos. Predicadores vemos, conversiones no sabemos.

Así las cosas, es vital comenzar en casa. Es obligatorio para los que ya predicamos sabernos a nosotros mismos como nacidos de nuevo y que no somos predicadores por herencia o por una especie de sucesión apostólica sin más. No podemos predicar con autoridad la salvación si nosotros no hemos sido salvos. «La mano que trata de limpiar algo es menester que esté limpia… si vuestra sal no tiene sabor cómo podemos sazonar con ella… El predicador no convertido es como nube sin agua, como un árbol sin frutos… Dios nunca ha salvado a nadie porque sea predicador, ni porque tenga habilidad para ello, sino porque ha sido un hombre justificado y santificado y en consecuencia fiel en el trabajo de su Señor» (Spurgeon, 1987).

Juan Wesley manifestó que dentro de las congregaciones hay personas que asisten, pero no son salvas. Comenzando por algunos predicadores. Con esta alusión se refería a su experiencia de haber nacido en un hogar cristiano, crecido en la iglesia y haber predicado, pero sin haberse sentido salvo. Hasta que ocurrió aquel gran momento en el cual se percató de que era un pecador impenitente, se arrepintió de corazón y sintió la seguridad de que era salvo y que todos sus pecados habían sido perdonados.

Es imprescindible que todo predicador se sepa a sí mismo como un pecador arrepentido, perdonado, transformado y tenga la seguridad de salvación.

14

Conocimientos fundamentales del predicador sobre la predicación

Conoce que Jesucristo es el paradigma de la predicación

En la persona de Jesucristo han conocido el culmen la comunicación, el diálogo, el encuentro entre Dios y el hombre por medio de la proclamación. Él es Dios y hombre. Como Dios puede tomar la iniciativa de salvar al hombre, y como hombre conoce la realidad humana y puede llevar al hombre a Dios.

La función reveladora de Jesús, el Cristo, no se limita a la encarnación como una base doctrinal fundamental para la teología. Se extiende a sus enseñanzas, su didáctica, su predicación, su ejemplo, que son un modelo singular de comunicación y predicación. A Jesús se le puede llamar «El gran comunicador». Es un verdadero maestro y un excelente orador.

Jesús es maestro en técnicas de comunicación. Jesús conoce perfectamente a su interlocutor. Conoce el alma humana, sus necesidades, sus conflictos, sus decepciones, sus frustraciones y sus anhelos. Sobre la base de este conocimiento utilizó los mejores recursos de comunicación a su alcance.

Hoy sabemos que los evangelios contienen la narración de la vida y el ministerio del carpintero de Galilea. Pero al principio estas enseñanzas se impartieron en forma de diálogos y conversaciones. Jesús nunca escribió un libro. Pero se comunicaba perfectamente con eruditos, sabios, amas de casa, pastores de ovejas, artesanos, tejedores, comerciantes y pescadores. Todos sus oyentes comprendían sus enseñanzas. Rompió con los moldes tradicionales de la enseñanza y la oratoria encajonadas. Los evangelios lo muestran como el predicador que lleva el mensaje a todas partes: «Y Jesús recorría todas las ciudades y aldeas, enseñando en las sinagogas de ellos, proclamando el evangelio del reino y sanando toda enfermedad y toda dolencia» (Mateo 9:35).

El lenguaje que Jesús utilizó era el que la gente común y corriente entendía. Jesús les habló en forma de diálogo amigable y con palabras de uso cotidiano para que comprendieran la importancia del mensaje que les trasladaba. Por ello sus parábolas, historias y ejemplos inquietan aún al hombre de hoy. Invitan a ser leídas por los niños, los jóvenes, los adultos y los ancianos.

Estas suenan como noticias del día que se escuchan a través de la radio, la prensa, la televisión e internet (Jaramillo, 1998).

Aunque en los tiempos de Jesús no existían esos medios de comunicación masiva, Jesús supo cautivar a sus oyentes con un lenguaje e imágenes inigualables. Fue extraordinariamente efectivo en su predicación. La hermosura, nobleza, sencillez y profundidad de su mensaje llegó a los corazones de todas las personas que lo escucharon. Es cierto que unos rechazaron su mensaje, pero no fue porque no entendieron, sino porque endurecieron su corazón. Pero estos mismos, admiraban la doctrina de Jesús y la forma de comunicarla. Algunos de ellos dijeron frases como estas: «Nadie ha hablado como este», «Jesús enseña como con autoridad y no como los escribas».

Jesús utilizó los mejores recursos didácticos y las mejores técnicas de comunicación para ser efectivo en su mensaje de las «buenas noticias» que trae el evangelio. Usó las parábolas, que son ejemplos terrenales de la vida diaria para enseñarnos verdades espirituales del Reino. Parábolas tan reales y conmovedoras para los oyentes como la del sembrador, la del hijo pródigo, la moneda perdida, la oveja perdida. Usó el símil, que consiste en una comparación formal entre dos objetos, tal como lo muestra el pasaje en que Jesús se lamenta sobre Jerusalén: «¡Cuántas veces quise juntar a tus hijos, como la gallina junta a sus polluelos debajo de sus alas, y no quisiste!» (Lucas 15; Mateo 23:27).

Jesús también utilizó la metáfora, que es una comparación implícita que no se extiende formalmente como el símil, no aparece la palabra «como», pero es más breve y, en consecuencia, más aguda (Martínez, 1987).

Jesús usó principalmente las metáforas para describir características esenciales de su persona: «Yo soy la luz del mundo», «Yo soy la puerta», «Yo soy el Buen Pastor» (Juan 6:35, 8:12, 10:7). La hipérbole fue una de las figuras del lenguaje preferidas por Jesús. La hipérbole es una exageración evidente que tiene por objeto aumentar el efecto de lo que se dice (Martínez, 1987). Unas de las más conocidas son las siguientes: «Hay también muchas otras cosas que Jesús hizo, las cuales, si se escribieran una por una, pienso que ni aun en el mundo cabrían» (Jn. 21:25). «Y ¿por qué miras la paja que está en el ojo de tu hermano y no echas de ver la viga que está en tu propio ojo?» (Mt. 7:23) ¡Guías ciegos, que coláis el mosquito y tragáis el camello!» (Mt. 23:24).

Además, Jesús usó de la alegoría. Esta es una sucesión de metáforas, generalmente combinadas en una forma de narración, de cuyo significado literal se prescinde. En el ejemplo de la alegoría del buen «pastor» en Juan (10:7-18) se observa que las palabras claves son otras metáforas: «oveja», «rebaño», «ladrones» y «bandidos», «asalariado». Cada una de estas expresa figuradamente una realidad de diferente tipo.

Aun cuando el Señor usaba figuras e imágenes en su enseñanza, buscaba las más sencillas: el lenguaje de los niños. Hablaba de manera atractiva, original, positiva, al corazón de las personas, desafiándolas a que tomaran decisiones, para la trasformación de sus vidas. Basta leer la manera en que hablaba con los pescadores acerca de cosas tan comunes para ellos: «Remiendos nuevos en vestidos viejos», «Lámparas que no se encienden para luego colocarlas debajo de la mesa o la cama, o cajón», «Sal de la tierra y luz del mundo».

Otros de los recursos que usó Jesús frecuentemente fueron el diálogo y los proverbios. En cuanto al primero, Él tenía la tremenda capacidad para escuchar, interrogar, inquietar y provocar respuestas. Dentro de los diálogos que Jesús llevaba a cabo siempre hizo sacar a sus mismos interlocutores la conclusión de su enseñanza, simplemente preguntándoles. Tal es el caso de Simón el fariseo al cual le contó la historia de los dos deudores a quien el prestamista condonó sus deudas de 500 y 50 denarios o monedas de plata, preguntándole Jesús al final: «Ahora dime, ¿cuál de los dos lo amará más?». Así como este ejemplo existen otros en los evangelios: Como el de aquellos que se acercaron para tentarlo preguntándole: «¿Es lícito dar tributo al César?». Él les respondió con una petición y una pregunta: «Prestadme una moneda» y luego les dijo: «¿De quién es esta inscripción?». Ellos le respondieron: «del César», a lo que Él les contestó: «Dad, pues al César lo que es del César». En cuanto al segundo, Jesús utilizó proverbios que se decían antes de que Él naciera. El proverbio es un refrán, terso, breve, punzante y refleja la experiencia popular, algunas veces es jocoso (Virkler, 1981). Por ejemplo, el referido a la enfermedad del cuerpo en aquellos que se dedican a curar las enfermedades: «Médico cúrate a ti mismo».

Jesús también es un comunicador maestro del contraste. Este funciona a la perfección cuando se refiere a los religiosos legalistas de su tiempo. Los religiosos imponen pesadas cargas a los demás, pero ellos no quieren tocarlas ni siquiera con un dedo. Estos mismos son los que «cuelan el mosquito y se tragan el camello». Por eso vienen a ser como sepulcros blanqueados: «limpios por fuera y sucios por dentro». Con estas frases lapidarias enmudeció a los legalistas religiosos.

Jesús es el predicador maestro especialista en el uso de comparaciones e imágenes tomadas de la vida real. Él habla de los cuervos que ni siembran ni siegan, ni recogen en graneros, pero que Dios los alimenta. Menciona a los lirios blancos del campo, que no hilan ni tejen, pero que se visten aun con más gloria que Salomón. Echa mano de las imágenes del rayo que resplandece de un extremo a otro extremo, los zorros del campo con sus cuevas, y de los pájaros con sus nidos. Jesús saca de la vida humana una cantera de imágenes como instrumento de su comunicación. En sus relatos aparecen los siervos fieles e infieles, los mayordomos, los pastores, las viudas, los trabajadores, los labradores, los muchachos, los padres y los hijos.

Jesús no solamente ha sido el mejor predicador y maestro que ha existido por sus técnicas y recursos empleados, sino porque su comunicación lleva una implicación «vivencial». Es una comunicación existencial. Esta corre pareja con la vida y la actividad de los oyentes. Invita a vivir el mensaje. Es parte misma del que comunica y del que está dispuesto a recibirlo. Expresiones como estas: «Ve tú y haz lo mismo», «Vengan a ver con sus propios ojos» cuando se referían a la forma y el lugar donde vivía Jesús; «Vayan y cuéntenle a Juan lo que están viendo y oyendo» cuando las personas estaban recibiendo beneficios al creer en el evangelio. La comunicación vivencial de Jesús se manifestó vívidamente cuando tuvo un encuentro con la samaritana, en el pozo de Jacob; con Zaqueo, el recaudador de impuestos arrepentido de su mala actuación, con la mujer adúltera, con Bartimeo el ciego. En fin, Jesús vive lo que predica (Hoff, 1989). Porque la proclamación de su mensaje no se limita a enseñar verdades o teorías que el mismo no vive. Él afirma ser el Hijo de Dios y el Salvador del mundo. Tanto sus palabras como sus hechos demuestran que Él es el Dios que se hizo hombre para salvar al hombre.

Toda la comunicación de Jesús estuvo orientada al hombre. Todos se podían sentir como tales ante Jesús. Tanto los nobles como los plebeyos, los ricos como los pobres, judíos y griegos, sanos y enfermos podían encontrar comprensión, misericordia gracia y amor. Incluso las mujeres y los niños eran tomados en cuenta por Jesús, pese a que la sociedad de ese tiempo los marginaba. A todos comunicaba con sabiduría su mensaje de oportunidad y salvación. En Jesús pueden encontrar perdón, salud y esperanza. Por todo ello el evangelio que predicó Jesús no pierde vigencia hoy. Todavía siguen siendo buenas noticias para el que las quiere escuchar. El mensaje de Jesús conserva todavía su elocuencia comunicativa que fascina por su sencillez y claridad. Jesús es el auténtico maestro, predicador. Jesús es el paradigma perfecto para todos los predicadores y maestros del evangelio que enfrentan el desafío de predicar el antiguo, pero no anticuado, y poderoso mensaje del evangelio al hombre de hoy.

Sabe de la necesidad del poder del Espíritu en la predicación

Pablo sabía muy bien acerca de esta prioridad. Cada vez que predicaba lo hacía en el poder del Espíritu: «Porque nuestro evangelio les llegó no solo con palabras, sino también con poder, es decir, con el Espíritu Santo y con profunda convicción. Como bien saben, estuvimos entre ustedes buscando su bien» (1 Tesalonicenses 1:5, NVI). Esta declaración concuerda con lo que manifiesta en la Carta a los Romanos 1:16, LBLA: «Porque no me avergüenzo del evangelio, pues es el poder de Dios para la salvación de todo el que cree, del judío primeramente y también del griego».

El predicador destacado sabe que a menos que su predicación sea dirigida, respaldada y aplicada por el poder del Espíritu Santo a los oyentes, estará siendo un comunicador de información solamente, no un heraldo de una palabra de trasformación y edificación.

Conoce la primacía de la predicación

La proclamación del evangelio es el punto focal de la misión del predicador. Es la tarea más sublime sobre la tierra que se le ha concedido. Es en ella que deben concentrarse sus fuerzas espirituales, mentales y físicas. Su llamado exige estudio, ejercitación, dominio sobre el arte y la ciencia de la predicación. Debe extenderse al disfrute de la cooperación con el Espíritu Santo, la consagración y al crecimiento en la comunión con Jesucristo para encontrar el mensaje oportuno para cada ocasión (Blatter, Walker, 1994).

El apóstol Pablo sabía de la importancia de la predicación. En el ocaso de su ministerio terrenal el encargo que le da a Timoteo se relaciona directamente con ésta: «Te encargo solemnemente, en la presencia de Dios y de Cristo Jesús, que ha de juzgar a los vivos y a los muertos, por su manifestación y por su reino: Predica la palabra; insiste a tiempo y fuera de tiempo; redarguye, reprende, exhorta con mucha paciencia e instrucción» (2 Timoteo 4:1-2, LBLA).

La predicación ha sido la columna vertebral de la iglesia y su misión. En los escritos post-apostólicos de los padres de la iglesia, y de todas las épocas, hay abundantes testimonios: en la *Didajé*: «…Allí se leen los recuerdos de los apóstoles o los escritos de los profetas… luego el que preside, de palabra, hace una exhortación e invitación a que imitemos estos bellos ejemplos»; Justino Mártir: «Nos reunimos para leer nuestros escritos sagrados, con las palabras sagradas nutrimos nuestra fe»; Obispo de Lyon: «Nos exponen las Escrituras a nosotros sin ningún peligro, sin blasfemar a Dios, sin deshonrar a los patriarcas o rechazar a los profetas»; Eusebio de Cesarea: «…los discípulos emprendían viajes y realizaban obra de evangelistas, empeñando su honor en predicar a los que todavía no habían oído la palabra de fe…»; Juan Crisóstomo, llamado el predicador «pico de oro», escribió: «Solo un medio y una cura nos ha sido dado… y ello es la enseñanza de la Palabra»; Francisco de Asís: «…A menos que uno predique donde quiera que vaya, no sirve ir a predicar a ninguna parte»; John Wycliffe: «El servicio más elevado que los hombres pueden alcanzar es predicar la Palabra de Dios»; Erasmo: «La función más importante del sacerdote es la enseñanza, por la cual puede instruir, advertir, reprender y consolar».

La reforma colocó la predicación en un lugar central, porque comprendió que la salvación acontece mediante la Palabra de fe que se predica. Por ello instaló el púlpito más elevado que el altar. Lutero afirmó: «Porque predicar a Cristo es alimentar el alma, hacerla recta, liberarla, y salvarla, si ella cree en la predicación»; el puritano Irvonwy Morgan: «Que otros sean obispos, yo tomaré el oficio de predicador, o bien ningún otro»; Cotton Mather: «…El gran designio y e intención del oficio de un predicador es restaurar el trono y el dominio de Dios en las almas de los hombres…»; Charles Hodge: «Temo que ninguno de nosotros aprende como debiera el valor del oficio del predicador… el púlpito seguirá siendo el más grandioso medio de alcanzar a la masa humana»; Charles Horne: «El predicador, el cual es mensajero de Dios, es el verdadero señor de la sociedad; no ha sido elegido por la sociedad para gobernarla, sino por Dios para formar sus ideales, y por medio de ellos guiar y regir la sociedad»; Karl Barth, uno de los teólogos más destacados de todos los tiempos declaró: «…No existe nada más importante, urgente, de mayor ayuda, o redención, más curativo… que el hablar y escuchar la Palabra de Dios»; Bonhoeffer: «El mundo y todas sus palabras existen por causa de la palabra proclamada. En el sermón se asientan los fundamentos de un nuevo mundo… el predicador debe tener la certeza de que Cristo entra en la congregación mediante las palabras que proclama de la Escritura» (Stott, 2006).

Definiciones de predicación

Así, viene al caso que conozcamos algunas definiciones importantes de predicación:

«La predicación es la comunicación de la verdad divina por un hombre a otros hombres» (Garvie, 1987).

«La predicación es la Palabra de Dios pronunciada por él mismo, utilizando como le parece el servicio de un hombre, que habla en su nombre a sus contemporáneos» (Barth 1980).

«Es la comunicación en forma de discurso oral, del mensaje divino depositado en la Sagrada Escritura, con el poder del Espíritu Santo y a través de una persona idónea, a fin de suplir las necesidades de un auditorio» (Martínez, 1977).

«La predicación es el mensaje de Dios extraído de la Biblia por un hombre, correctamente interpretado, explicado y aplicado a las personas» (Gálvez, 2018).

La predicación bíblica como vemos en esas definiciones, contiene tres elementos: Dios, verdad y personalidad. «Dios, la Biblia y el predicador».

a) Dios en Cristo creador del mensaje
b) La Biblia que contiene la verdad revelada
c) El hombre con su propia personalidad que difunde el mensaje que recibe, no lo inventa.

La predicación de la verdad del evangelio es proclamada por un hombre con su personalidad.

Sabe que Dios quiso salvarnos por la locura de la predicación

A Dios se le ocurrió salvar a los hombres de la manera más absurda para la mente humana: «La Predicación». Si fuera el hombre a quien le tocara decidir el modo de salvarse, propondría que fuese por: obras, conocimiento, sabiduría, virtud, comportamiento. También elaboraría una lista de requisitos que la mayoría no cumpliría.

En 1 de Corintios 1:21 Pablo expresa cómo el Señor decide salvarnos: «Pues ya que, en la sabiduría de Dios, el mundo no conoció a Dios mediante la sabiduría, agradó a Dios salvar a los creyentes por la locura de la predicación. Porque los judíos piden señales, y los griegos buscan sabiduría, pero nosotros predicamos a Cristo crucificado, para los judíos ciertamente tropezadero, y para los griegos locura».

La predicación es «el acto divino-humano» por el cual los seres humanos en su perdición, son llamados con la palabra de Dios a través de las palabras de un testigo convertido. El mensaje es de procedencia divina, la elaboración del sermón es humana.

Se caracteriza por ser una necesidad impuesta por Cristo. 1 de Corintios 9:16 deja clara esta urgencia: «¡Ay de mí si no predicare el evangelio!». La predicación está fundamentada en la gran comisión. Mateo 28:19 registra las palabras del Señor a su iglesia al encomendarle la tarea: «Id por todo el mundo y predicad el evangelio...».

El propósito de toda predicación es la comunicación de la Palabra de Dios a los hombres. Por una parte, es compartir conceptos, actitudes, o experiencias en común con otras personas. Por otra, es comunicar y persuadir, con la ayuda del Espíritu, a personas que todavía no comparten lo que creen los cristianos (Costas, 1989).

Sabe que la predicación es en esencia comunicación

La predicación como comunicación en sí, involucra un proceso mental y emocional dentro de un contexto de referencia, basado sobre la experiencia de interacción social en la que se comparten ideas, actitudes, sentimientos y emociones. Todo esto con el propósito de influir y cambiar actitudes o comportamientos. En ese sentido, la predicación como proceso de comunicación implica dinámica, movimiento y acción. Además, abarca la generación, la recepción, la interpretación y la integración de ideas. Esto viene a ser una prueba tangible de que los seres humanos se hallan en relación entre sí. Por ello necesitan compartir con otros sus situaciones interiores y externas. El punto es que la finalidad de toda predicación es influir sobre alguien o modificar su conducta, si no se logra ese fin pierde sentido. Cada texto predicable de la Biblia fue inspirado para que ministrara a alguna necesidad humana.

La predicación no es una simple transmisión de ideas respecto a Dios y lo que piensa acerca del mundo. Por el contrario, se encuentran inmersas las actitudes y predisposiciones del predicador hacia sí mismo, la congregación, Dios y su palabra. En ella también participan de manera dinámica las actitudes de la audiencia hacia el predicador y su entorno. En otras palabras, la predicación como proceso comunicativo nunca será un mero dar o recibir estáticos, es una actividad dinámica y una experiencia de interacción social que afecta al espíritu, al cuerpo, a los sentidos, al pensamiento, la palabra, la conciencia, a las actitudes, movimientos y acciones, tanto de los que predican como de los que reciben la predicación (Costas, 1989).

Conoce que la predicación ha de ser bíblica

Es obligatorio que el predicador reconozca que la predicación debe ser bíblica, de un carácter teologal, cristológico, evangélico, antropológico, eclesial, escatológico, persuasivo, espiritual y litúrgico. Debe abarcar los más variados aspectos, comenzado por el amor de Dios, la encarnación, muerte, crucifixión, ascensión, resurrección y glorificación de Cristo, el Espíritu Santo, la iglesia, los eventos futuros profetizados para la consumación del reino, la ética cristiana. La predicación no consiste meramente en sermones moralistas, legalistas, sino en dar a conocer la revelación de Dios en Cristo de la cual da testimonio la palabra de Dios en el poder del Espíritu Santo.

«Es oportuno aclarar que, además de la palabra griega *Kerigma*, que se traduce como predicación o proclamación, existen otros verbos griegos que se traducen al español para indicar el anuncio del evangelio: predicar, hablar, evangelizar, divulgar, pregonar. También se usan otros verbos relacionados con los discursos cristianos que se traducen como 'Exhortar, disputar, testificar, afirmar, persuadir, amonestar, profetizar, disertar, enseñar, alegar'» (Crane, 1991).

En este escrito la predicación la tomamos en el sentido de una proclamación con autoridad de parte del Señor, de la Escritura, a una audiencia que reconoce la predicación como «La Palabra de Dios proclamada». No la usamos en el sentido de un discurso informal, de un diálogo espontáneo, o de evangelización de persona a persona.

Conoce los métodos de la predicación

Existen varios métodos para predicar. Los más conocidos son:

a) Predicación sin notas:

Se puede predicar esta modalidad de manera irresponsable y responsable. Aquí me refiero a la manera responsable. El predicador ha invertido mucho tiempo en la lectura, meditación y estudio. Ha elaborado el sermón con esmero, orden, estructura, buen contenido, belleza, eficiencia. Domina el contenido y puede predicarlo sin notas. El predicador que logra usar este método obtiene grandes resultados.

Carlos Finney (1792-1875), es un gran ejemplo de este tipo de predicadores. Una de las formas de obtener ideas para elaborar sus sermones era el acercarse a la gente para saber de sus necesidades. Luego determinaba los temas, los meditaba, los estudiaba en profundidad, confiaba en el poder del Espíritu. A la hora de la predicación iba sin notas. Su forma de predicar era individual, personalizada, apasionada, con gran capacidad imaginativa para aplicar su mensaje a los oyentes. Se calcula que quinientas mil personas se convirtieron durante su ministerio (Saint, 1988).

b) Predicación de memoria:

En este caso, el predicador ha seguido todos los pasos para una buena elaboración del sermón. Lo memoriza y lo traslada a su audiencia. Es privilegiado el predicador que domina este método.

c) Predicación leída:

El predicador lleva a cabo todos los pasos en el orden de elaboración del sermón. Lo escribe completo. Lo lee ante la congregación, poniendo el énfasis necesario y la modulación de la voz en la lectura.

d) Predicación con bosquejo:

El predicador sigue los mismos pasos que los anteriores. Se inclina por escribirlo completo, dominarlo, luego escribe un bosquejo que resume el sermón y se guía por este de manera discreta en la predicación (Vila, 1990).

Sabe escoger el método adecuado para la predicación

Después de escuchar, ver, y analizar, a varios predicadores, incluyendo una autocrítica, creo que el método ideal, si se realiza bien, es el de predicar sin notas de manera responsable. Pero no todos tenemos ese talento. Lo ideal sería predicar sin notas, elaborar un bosquejo, dominarlo por completo y predicarlo libremente. Pero eso es difícil de lograr, solo algunos predicadores dotados lo pueden realizar.

Desaconsejo el método de la predicación leída. En la historia de la predicación algunos lo usaron con éxito, hoy es más usual en el ámbito de la academia, en conferencias, ponencias, paneles, dentro del contexto de una facultad, en aulas, en congresos. Es provechoso escribir íntegro el sermón, leerlo y releerlo. Pero a la hora de predicarlo no tendrá el mismo efecto si usted lo lee. Un sermón leído da la impresión de que no se domina el tema, que no se vive, que se traslada pura información.

La predicación de memoria es efectiva, pero con alto grado de dificultad para la media de los predicadores. Puede hacerse acompañar de la monotonía y la rigidez oratoria.

Según mi criterio, el método más aconsejado para la mayoría es el de predicar con la ayuda mínima, discreta, del bosquejo. Ayuda a trasladar fielmente el contenido de lo elaborado en el sermón, sin hacer digresiones, ni olvidar partes esenciales. Permite un mejor manejo del tiempo, da seguridad al predicador porque trasladará exactamente lo que ha preparado.

Eso sí, el bosquejo debe ser un resumen fiel de todo el sermón preparado, con rasgos definidos, proporcionados y, ya en el púlpito, el predicador se guía de manera prudente por los puntos del bosquejo.

Es pertinente que los predicadores que usamos notas debamos predicar sin una dependencia absoluta del bosquejo. Es solo una guía. Nuestra comunicación visual con la audiencia es importante, mirándola panorámicamente de manera constante, esto no es posible si tenemos pegados los ojos sobre el bosquejo.

15

Conocer las necesidades de la congregación y cualidades del predicador

Conoce las necesidades de su congregación

Aquí me refiero al pastor predicador. Aquel que cuida, guía, acompaña, visita, aconseja a sus ovejas y las alimenta los domingos por medio de la predicación. Se interesa por sus necesidades, sus problemas, inclinaciones y desafíos. Procura ser efectivo en dar respuestas desde la Biblia a través de la elaboración y la presentación del sermón.

«Para mí es importante entender los intereses de las personas y así poder hablar en su propio idioma, si quiero decir algo que resulte interesante para mis oyentes» (Briscoe, 2008).

El elaborar sermones destacados y ser bien recibidos por la audiencia, se asemeja a la buena semilla de la parábola del sembrador con la clase de tierra en la que cae. Es pertinente que el predicador sepa, hasta donde sea posible, sobre qué tierra caerán las semillas de sus predicaciones.

Cualidades esenciales del predicador extraordinario

Es espiritual

La Biblia declara que hay tres tipos de hombres: el hombre natural, el carnal y el espiritual. El primero, conoce solo el ámbito natural, no sabe nada de las realidades espirituales que se comprenden espiritualmente, más bien le parecen locura. El segundo, discierne la dimensión natural y espiritual, es miembro o ministro de una iglesia local, pero vive según los deseos de la carne. El tercero, es el hombre espiritual. Muestra el fruto del Espíritu en la vida diaria en todas las esferas. Sabe que la Biblia es un libro que contiene un mensaje espiritual de poder sobrenatural, que no puede entenderse, vivirse y predicarse solo con inteligencia, capacidad de análisis y experiencia naturales.

El apóstol Pablo lo manifestó: «Y ni mi mensaje ni mi predicación fueron con palabras persuasivas de sabiduría, sino con demostración del Espíritu y de poder» (1 Corintios 2:4, LBLA). Y agrega que el hombre espiritual habla con las palabras que enseña el Espíritu en la Escritura y «acomoda» lo espiritual a lo espiritual. Es imposible que un predicar sea extraordinario, si no es salvo o carece de espiritualidad. «Pero el hombre natural no percibe las cosas que son del Espíritu de Dios, porque para él son locura, y no las puede entender, porque se han de discernir espiritualmente» (1 Corintios 2:14, RVR60).

Ni el más elocuente y resplandeciente discurso logrará un impacto de transformación y edificación a los que le oyen si no procede del Espíritu.

Es lleno del Espíritu Santo

El sermón que salva al incrédulo y edifica a los oyentes proviene de un predicador lleno del Espíritu. Un buen ejemplo es el ministerio de predicación del apóstol Pedro descrito en el libro de los Hechos.

«Pedro, lleno del Espíritu Santo, les respondió: Gobernantes del pueblo y ancianos: Hoy se nos procesa por haber favorecido a un inválido, ¡y se nos pregunta cómo fue sanado! Sepan, pues, todos ustedes y todo el pueblo de Israel que este hombre está aquí delante de ustedes sano gracias al nombre de Jesucristo de Nazaret, crucificado por ustedes, pero resucitado por Dios. De hecho, en ningún otro hay salvación, porque no hay bajo el cielo otro nombre dado a los hombres mediante el cual podamos ser salvos» (Hechos 4:8-10, 12, NVI).

Antes de que Pedro fuera bautizado y lleno con el Espíritu Santo, se mostró cobarde cuando apresaron a Jesús y lo llevaron a juicio. Pedro lo seguía de lejos pese a que había jurado que no lo abandonaría e incluso daría su vida por defenderlo. En esa ocasión lo confrontaron tres veces en relación a su cercanía con Jesús. El primer careo fue con una criada «... y se le acercó una criada, diciendo: Tú también estabas con Jesús el galileo. Mas el negó delante de todos, diciendo: No sé lo que dices» (Mt. 26:69-70, RV60); La segunda confrontación aconteció con otra criada: «Saliendo él a la puerta, le vio otra, y dijo a los que estaban allí: También este estaba con Jesús el nazareno. Pero él negó otra vez con juramento: No conozco al hombre» (Mt. 26:71-72, RV60); y en la tercera se le acercó un grupo y lo señaló: «Un poco después, acercándose los que por allí estaban, dijeron a Pedro: Verdaderamente también tú eres de ellos, porque aun tu manera de hablar te descubre. Entonces él comenzó a maldecir, y a jurar: No conozco al hombre. Y en seguida cantó el gallo» (Mt. 26:73-74, RV60).

¿Nota la diferencia? En el primer incidente, cuando Pedro estaba lleno del Espíritu no le importó que fuera golpeado, procesado y cuestionado sobre su fe en Jesús y el milagro de sanidad en un cojo, al contrario, él declaró con denuedo y convicción ante los gobernantes, religiosos, autoridades romanas y a la turba que el hombre fue sanado por el poder de Jesucristo, y de paso les reprochó que ellos crucificaron a Jesús, pero que Dios lo había resucitado. Finalizó predicándoles que no hay salvación en ningún otro, solo en Jesucristo el Señor.

Los sermones de Pedro eran tan poderosos que miles se convertían al escucharlos: «Pero muchos de los que oyeron el mensaje creyeron, y el número de estos, contando solo a los hombres, llegaba a unos cinco mil» (Hechos 4:4, NVI).

Pero cuando Pedro no estaba lleno del Espíritu no pudo enfrentar los señalamientos de dos simples criadas, ni a un pequeño grupo acusador.

El predicador que traslada su mensaje sin la llenura del Espíritu se parece al hombre que quiere enfrentar con piedras y palos al enemigo que viene armado con granadas y un fusil de asalto.

Es íntegro

Vive lo que predica. La vida y la predicación del predicador destacado van de la mano. La predicación no puede separarse de la vida del predicador. A diferencia del filósofo, del abogado, del médico, del artesano, del comediante y cualquier otra persona de profesión y oficio, que hacen una separación entre lo que saben y la forma en que se comportan, el predicador destacado vive lo que cree y predica lo que vive. Su estilo de vida es congruente con lo que piensa y proclama. Por ello es necesario que el predicador crezca en la fe que actúa por el amor, sea un docto en la investigación, pero un devoto en la oración. Une su fe con el estudio y la ética.

Todos los predicadores sabemos que no estamos a salvo de la tentación y del pecado. Adulterios, adicciones, malos manejos, poder, orgullo, son algunos de los pecados frecuentes en los que han caído algunos predicadores. Afortunadamente son la minoría (Anderson, 2009).

El predicador que no es íntegro jamás logrará un avivamiento y una transformación en sus oyentes: «Lo que somos determina la clase de mensaje que nuestros oyentes reciben, nuestra personalidad y relación personal con Dios son partes vitales de nuestra predicación. No podemos vivir descuidadamente desde el lunes hasta el sábado y esperar predicar con poder el domingo» (Lane, 1989).

Es consagrado

Se sabe a sí mismo como alguien que está dedicado al Señor y al ministerio de la palabra. Santo, limpio, separado para el servicio de la predicación y la enseñanza de la Palabra. No se enreda en los negocios de este mundo. Su llamado le exige que se entregue por completo a la tarea de la predicación y al ministerio pastoral si lo tiene. Va por el camino del bien, es temeroso de Dios.

Recuerdo claramente el consejo de uno de mis mentores en los primeros pasos que di como pastor predicador: «Viva una vida limpia, estudie teología y trabaje con diligencia, lo demás déjeselo al Señor». A este hombre de Dios, el Señor lo usó como protagonista de uno de los avivamientos más grandes en Guatemala. En la consolidación de su ministerio, su congregación local llegó a tener cerca de veinte mil miembros, además de las decenas de iglesias que fundó dentro y fuera del país.

Es idóneo

En 1 Timoteo 3:2-7 se registran requisitos para los ministros que se pueden agrupar en tres: conducta moral irreprensible, la madurez espiritual, que no sea un neófito, y la idoneidad para enseñar. Este último lo reitera Pablo a Timoteo en la segunda carta: «Lo que has oído de mí ante muchos testigos, esto encarga a hombres fieles que sean idóneos para enseñar también a otros». El predicador debe ser capaz de predicar y realizar toda buena obra.

El predicador tiene que mantener el hacha afilada para no golpear muchas veces sin obtener el resultado deseado. Debe ser efectivo en la predicación que transforma y edifica. Pero eso no se logra sin integridad, una fe inquebrantable, el corazón encendido, la mente clara y una disposición férrea hasta el último suspiro. Todo ello unido al estudio de la teología bíblica y el constante estudio de la correcta preparación de sermones. Todas estas acciones lo hacen idóneo en su bendita tarea bajo el sol.

Es moldeable

La vida del predicador extraordinario está moldeada por toda clase de sufrimientos. Eso no es un aliciente, tampoco una buena noticia para el predicador novato. Porque todos los que iniciamos el camino de la predicación tenemos anhelos de ser como los grandes predicadores que el Señor ha utilizado efectivamente para salvar y edificar a miles de personas. Pero no estamos conscientes del sufrimiento que los ha moldeado para convertirlos en vasos limpios preparados para toda buena obra.

No conozco predicador destacado que no haya sido moldeado por el sufrimiento. Como siempre, Jesús de Nazaret nos da el ejemplo. El mejor predicador de todos los tiempos, llamado proféticamente «El siervo sufriente», «experimentado en quebranto», cumplió en plenitud esas profecías en su vida y ministerios terrenales, ese sufrimiento lo vivió en su máxima expresión en la vergonzosa cruz. Sus apóstoles y predicadores pasaron por el mismo proceso. Pablo el apóstol, Pedro, todos padecieron diversidad de tribulaciones y finalmente el martirio. Desde el inicio de la Historia de la

Iglesia hasta nuestros días el sufrimiento es instrumento para moldear a los predicadores.

Los padres y predicadores de los primeros cinco siglos padecieron persecución, rechazo, algunos de ellos el martirio. Los predicadores auténticos de la época medieval pasaron por humillaciones, destierros, y martirios. En la época tardía resaltan los nombres de Juan Huss, Jerónimo Savonarola, Juan Wycliffe. En la época en que se inicia la Reforma Protestante los nombres que van a la cabeza son Martín Lutero, Juan Calvino, Ulrico Zwinglio, moldeados por toda clase de sufrimientos, pero sobre todo por las muchas enfermedades que padecieron. En la época moderna y contemporánea sería interminable la lista. Nosotros mismos somos testigos que al llamado de la predicación le es inherente el sufrimiento.

Los mejores sermones se forjan en medio de las pruebas. Lutero llega a la conclusión de que las pruebas son las que hacen al predicador: «La clave indispensable para la comprensión de las Escrituras es el sufrimiento en el camino de la justicia». Propone tres reglas que se describen en el Salmo 119:67, 71: oración, meditación, tribulación. Así la tribulación y la tentación son la piedra de toque de los mejores predicadores (Witthaus, 2008).

Todos los que somos pastores, predicadores, pasamos por diversidad de sufrimientos: épocas de desánimo, tentaciones, incomprensiones, enfermedades, agotamiento, exigencias inherentes a las preparaciones y predicaciones continuas, el desgaste natural, etc., son las dosis de sufrimiento que nos van configurando.

Es difícil avanzar con un cuerpo cansado y pensar con un cerebro fatigado. A veces es necesario hacer pequeñas pausas. Pero como no vivimos para nosotros mismos, no somos nuestros, sino que fuimos comprados con el alto precio de la preciosa sangre de nuestro amo y Señor, él mismo se encargará de sustentarnos hasta que terminemos muestra misión aquí en la tierra.

Es sumiso a la Escritura

Sumiso a la Palabra Viva, Jesucristo, a la Sagrada Escritura, a la tradición protestante. Toma en serio la Biblia y a Cristo en cuanto que son el punto central de su predicación. No las usa para maquillar mensajes humanísticos. Tiene confianza absoluta en la Biblia como la Palabra de Dios, como autoridad máxima para enseñar doctrina y para instruir en la vida diaria. Sabe que sus sermones tienen límites saludables, se enmarcan dentro de la Escritura, no puede salirse de ella para desviarse por el laberinto de alta crítica, moralismos, psicologismos, secularismos, asuntos políticos, religiosos, culturales. Tampoco puede inventar o adentrarse en el mundo de la ficción. Sabe que es guardián del sagrado depósito del evangelio y que es administrador de los misterios de Dios, revelados exclusivamente en la Biblia.

Sus sermones se atienen al texto, al pasaje, o los versículos seleccionados. Los respeta, se esfuerza para estudiarlos, meditarlos, comprenderlos con celo. Se admira, se maravilla, luego explica las verdades eternas y las aplica. Confía que el resultado será magnífico. Será Dios hablando por medio de la palabra proclamada. Tiene la convicción de que predica un mensaje auténtico y transmite algo vivo que extrae de la Escritura, para que sea Dios el que hable. Entiende que su predicación está condicionada por la Palabra de Dios y que actúa dentro de la soberanía de Dios, por ello solo obedece.

Es sensible

Él es tocado primero por el mensaje, por el Espíritu. Es muy difícil que el predicador impacte a los oyentes en sus mentes y sus corazones si él no lo ha sido previamente. Si el sermón no provoca en él un profundo deseo de responder en fe, en obediencia al Señor, no lo hará en la audiencia. El predicador debe estar asombrado, radiante, emocionado, con el mensaje que ha recibido y va a predicar.

Es fogoso

Aquí hablamos de fuego espiritual, de arder en el espíritu, predicando con denuedo, con determinación, independientemente de su personalidad, y talentos físicos. «Debe hablar con voz de trueno al predicar, relampaguear cuando conversa, arder en la oración, brillar en la vida y consumirse en el espíritu» (Spurgeon, 1993).

Es comprometido

El compromiso del predicador es fundamental para el éxito del ministerio. Comprometido con el reino de Dios, la iglesia, la familia, su país, su comunidad y de manera total sobre la plataforma de la Sagrada Escritura como la fuente de toda su predicación hasta las últimas consecuencias, viviendo de manera coherente.

Es útil

Ser un predicador útil significa ser un instrumento o utensilio dispuesto para toda buena obra. El predicador extraordinario sabe de dónde procede su mensaje, cual es la esencia de su llamado y de donde viene su autoridad. No se sabe a sí mismo como el ungido, sino como un instrumento. Stott acierta al afirmar que el predicador no obtiene su mensaje directamente de la boca de Dios como lo obtenían los profetas y apóstoles del Antiguo y Nuevo Testamento. Tampoco viene de su propia invención como los falsos profetas. Ni es un mensaje parcheado de múltiples ideas de otros sin entenderlas, como lo hacen los charlatanes. No es un palabrero. Su mensaje lo recibe de la Palabra de Dios que fue dada una vez a todos los santos y que ha quedado escrita en la Biblia. Es solo un instrumento en las manos de Dios.

Es humilde y manso

El predicador extraordinario se reconoce a sí mismo como un pecador arrepentido y perdonado. Batalla cada día con tentaciones y dificultades al igual que sus hermanos. No se siente seguro en sus propias fuerzas. No mira por encima a los demás, por su llamamiento, conocimiento, estudio. No se cree un iluminado, pues él no va a predicar sobre iluminaciones más allá de las que se encuentran en la Escritura. Es un miembro más del cuerpo de Cristo que cumple con seriedad y alegría la tarea encomendada por su Señor. Sabe que es un altísimo honor ser un mensajero del Dios todo poderoso, pero no pierde de vista que su posición es sencilla a la vez, es solo el responsable de trasladar la encomienda que se le ha asignado, nada más.

A los predicadores destacados, que he conocido, el Señor los recompensa con buenos resultados, son humildes y cuando alguno de ellos llega a enorgullecerse pronto viene la caída.

Es laborioso

Estudia y trabaja fuerte en la elaboración del Sermón. Sabe que hay que pagar el alto precio de la disciplina, la entrega, la perseverancia. Ora y labora. Si los grandes músicos dedican ocho horas de estudio diario a su instrumento, si los grandes deportistas entrenan dos veces al día, si los grandes maestros de ajedrez estudian entre ocho y doce horas diarias, ¿cuánto más debe estudiar y trabajar diariamente el predicador que anuncia un mensaje de vida o muerte?

Un sermón extraordinario podrá requerir de entre ocho a quince horas. Como dice Arrastia, «es un proceso de inventar, alimentar y finalmente dar a luz a esa criatura que se llama sermón». Por ello los predicadores que lo sabemos comenzamos el lunes por la tarde, continuamos martes, miércoles, para terminarlo jueves o a más tardar el viernes por la mañana. El sábado estaremos relajados, gozosos, listos para releerlo y predicarlo con toda libertad el domingo. Pero si caemos en el promedio de los predicadores, lo prepararemos el sábado a última hora.

Es gozoso

Hay poder en un servicio feliz. El predicador es el primero en cumplir la instrucción: «Gócense en el Señor, otra vez les digo, gócense», sí, pese a las pruebas que le toca vivir. Sabe que «el gozo del Señor su fortaleza es» y que el mensaje que predica «son noticias de gran gozo». No debe perder el gozo de haber encontrado el tesoro escondido: Cristo. En él se regocija, vive una vida alegre, porque la vive en libertad. Esto puede parecer carnal a predicadores y creyentes legalistas, que creen que deben vivir serios, sombríos, con lamentaciones y lloro para ser espirituales y alcanzar el favor de Dios. Esto sería una evocación del monacato medieval.

Es diligente

Un predicador diligente es aquel que tiene una actitud favorable, pronta, no perezosa, hacia su sagrado trabajo. Usa su inteligencia con economía de recursos y alto grado de eficiencia. Es responsable, consecuente con el gran privilegio y compromiso del llamado a la predicación. Prepara con anticipación el sermón. Sabe que necesita invertir tiempo en la oración, meditación, investigación, preparación. No se queda en lo básico. Se adentra en el estudio exegético, hermenéutico, histórico, homilético, para entender mejor la Biblia que fue escrita en medio de una historia, cultura e idiomas diferentes de los nuestros. Eso significa que batalla contra la pereza intelectual, preparando con suficiente tiempo su sermón. No está lidiando a la carrera con el sermón el sábado por la noche, confiando en la inspiración del Espíritu y su habilidad de sumarle un poco de improvisación para que el domingo surja un sermón extraordinario. El resultado será contrario. Escucharán un sermón ordinario. La mediocridad, la negligencia, la incomprensión y el aburrimiento se abrirán camino ancho. Dios no respalda al predicador haragán.

Es auténtico

No tiene por qué imitar a otro predicador. Es él mismo en su personalidad. En esa originalidad tiene la ventaja de comunicar el evangelio como ningún otro en el mundo. En el púlpito usted no es el doble de otros. Usted es a quien el Señor le ha concedido el supremo llamamiento y el ministerio de la predicación. Debe hablar por lo que el Señor ha transformado en su vida. No es un comediante, es un testimonio viviente del Evangelio de poder y del perdón. Ha saboreado la gracia de Dios.

Puede aprender de otros predicadores, pero no juegue a ser un Agustín, Tomás de Aquino, Wycliffe, Lutero, Calvino, Wesley, Moody, Spurgeon, Graham, hará el ridículo y se desvalorará usted mismo. Use su personalidad, timbre de voz, complexión. Sea original. Eso le da autoridad en el púlpito. No hay que subir al púlpito con una jerga religiosa que no es natural en la vida diaria.

Es sobrio

Es moderado en sus hábitos. Vigila constantemente su comportamiento, está atento a lo que sucede, pero mantiene la cordura. No se atreve a despertar admiración personal. Al contrario, procura mostrar a Cristo y engrandecer su nombre en su conducta y en su predicación. No vive para sí, vive para el Señor. El predicador que intenta despertar admiración para sí mismo lo que pone en evidencia es su orgullo y su interés personal.

Es sincero

El predicador que es sincero permanecerá. Porque ningún ser humano predicador o no, se afirmará sobre la mentira, la exageración, la adulación, la manipulación, la autopromoción de imagen. Tarde o temprano se sabrá que hay debajo del maquillaje del predicador, así como se detectaba la cera que colocaban los escultores antiguos sobre sus obras defectuosas para venderlas como si fueran perfectas. Al tiempo los compradores regresaban a reclamarle al escultor. La sinceridad está forjada por la veracidad, la franqueza, la espontaneidad.

No nos engañemos. Los oyentes disciernen la sinceridad y la hipocresía del predicador.

El ser sincero nos aleja de los peligros inherentes del que predica y enseña: arrogancia, hipocresía, legalismo. Nos libra de ofender la inteligencia de los oyentes y nos abre campo ancho para influenciar positivamente a la audiencia.

Es flexible

Se adapta a todas las circunstancias y aprende a contentarse cualquiera que sea su situación. No se acomoda. Obedece. Está consciente de la grandeza de Dios y la pequeñez de su vida; de la potencia de Dios y su impotencia humana; del privilegio de trasladar el mensaje, la responsabilidad de vivirlo y la valentía de predicarlo sin adornos.

Predica el evangelio de todas las maneras posibles. La palabra griega que corresponde a evangelio, ya traducida literalmente al español es «EUANGELION» que significa «buenas noticias». En otras palabras, ¡buenas noticias!, que hay que comunicar. Es más, en todo el Nuevo Testamento se encuentran palabras específicas en la gran comisión de predicar el mensaje del evangelio que tienen que ver específicamente con el proceso comunicativo. Las palabras sobresalientes son las siguientes: «anunciar, proclamar, pregonar, trasmitir, enseñar, explicar, exponer, hablar, decir, atestiguar, convencer, persuadir, discurrir, disertar, confesar, reprender, extender, divulgar, difundir, trasladar, expresar» (Kung, 1995). Todas ellas relacionadas con la comunicación del evangelio.

Es estudioso

Ahonda en el conocimiento de Cristo. Se convierte en un apasionado por la excelencia del conocimiento de Cristo, como lo testifica el apóstol Pablo: «Y ciertamente, aun estimo todas las cosas como pérdida por la excelencia del conocimiento de Cristo Jesús, mi Señor, por amor del cual lo he perdido todo, y lo tengo por basura, para ganar a Cristo» (Filipenses 3:8, RV60).

Estudia concienzudamente la teología bíblica, pastoral, teológica. Lee mucho libros cristianos vivificantes y todo lo relacionado a su santo oficio. Spurgeon leía varios libros por semana y leyó el *Progreso del peregrino* doscientas veces. Eso nos debe inspirar y ayudarnos a comprender que el trabajo principal del predicador es crecer en el conocimiento espiritual y bíblico, primeramente, pero también todo el conocimiento que ayude a interpretar mejor la Biblia y a predicar mejores sermones.

Es centrado

Se enfoca en trasladar el mensaje extraído de las sagradas Escrituras, correctamente interpretado, explicado y aplicado a los oyentes. No va por los extravíos de las anécdotas constantes, de largas experiencias personales, ni de los saltos continuos de versículos de toda índole, de las visiones espectaculares, y de los disparatados sueños nocturnos.

Es expresivo

Expresa sus sentimientos y emociones de manera genuina cuando está predicando. No tiene vergüenza de derramar lágrimas delante de la audiencia.

Jesús lloró ante la tumba de Lázaro. Lloró frente a Jerusalén porque rechazó a los profetas que vinieron antes de él, porque se resistió a la predicación del evangelio y porque no conoció el día de su visitación.

Pablo escribió, oró, animó, predicó y amonestó muchas veces a los creyentes de todas las iglesias, y lo hizo con lágrimas, profundamente conmovido. Acaso no debe llorar el predicador en el momento acorde a su predicación, claro que sí. No estoy diciendo que en cada predicación el predicador deba llorar. No. Lo que estoy diciendo es que él debe expresar sus emociones y sentimientos de manera libre, adecuada, en libertad.

16

Vocaciones del predicador extraordinario

Es un mayordomo

El Señor mismo lo constituye en mayordomo de sus misterios revelados. Sirve como un administrador fiel. Administra sabiamente su vida y su tiempo porque sabe que no es el dueño, todo se le ha prestado. Es un siervo diligente bajo las instrucciones de su Señor, que cuida que el mensaje del Evangelio sea predicado de manera completa a tiempo y fuera de tiempo. Lo transmite de la misma manera que le fue entregado, porque sabe que nada es propio y que rendirá cuentas de lo recibido y de su mayordomía. ¡Por eso las palabras del apóstol «Ay de mí si no predico el evangelio!». «Soy deudor de predicar el evangelio».

Es un heraldo

Al igual que el «Kerux», el mensajero del rey en tiempos bíblicos proclama el mensaje fielmente que le ha encomendado su Señor. Lo ha recibido por gracia, no lo crea ni lo inventa. No lo adultera, tampoco lo suaviza para quedar bien con los hombres.

Es un embajador

El predicador es un representante oficial de Dios por medio de Jesucristo en donde quiera que ejerza el ministerio. Es un enviado en nombre del reino de Dios. Pablo menciona específicamente su función de embajador (2 Cor. 5:18-20). A él, como a todos los seguidores ungidos de Jesucristo, se le envió a las naciones y a las personas que estaban alejadas de Jehová Dios, el Soberano Supremo, en calidad de embajador en un mundo que no estaba en paz con Dios. Como tal, Pablo era portador de un mensaje de reconciliación con Dios mediante Cristo. Así, el predicador habla en representación de Jesucristo quien lo llamó y lo envío a predicar. Es un digno representante de Cristo y su mensaje, que ha transformado su vida. Es un servidor del Señor al que le ha sido encomendado «plantar o regar» sabiendo que el crecimiento lo da

Dios. No predica con sus fuerzas, sino con el poder de la Palabra de Dios, de Cristo, del Espíritu Santo (Stott, 1986).

Es un discípulo

Aprende de su maestro y sigue sus huellas en todas las áreas de la vida. El predicador es un discípulo que sigue el modelo de predicación de Jesús. Se percata de que los sermones de Jesús comenzaban con historias, parábolas, dichos de la vida diaria. Cuando las personas las escuchaban inmediatamente quedaban cautivadas en sus mentes y en sus corazones. ¿Quién no se ha quedado asombrado, interpelado y maravillado al leer el Sermón del monte?

Sabe que el Señor predicaba el mensaje divino, conectándolo a la realidad de las personas necesitadas. Por ello las personas «quedaban maravilladas al escucharlo». Ningún sermón de Jesús de Nazaret es aburrido en contraste con los sermones de los fariseos que estaban cargados de palabras rebuscadas y de religiosidad espuria. Todos los que oían al Señor decían: «Porque habla con autoridad, no como los fariseos»; «Los alguaciles respondieron: ¡Jamás hombre alguno ha hablado como este hombre habla! (Juan 7:46, LBLA). Esa autoridad venía de la Palabra y de la llenura del Espíritu Santo y de sus predicaciones vivenciales que interpelaban a sus oyentes.

Jesús afirmó: «Las palabras que yo les hablo son Espíritu y son Vida»; «He venido para que tengan vida y vida en abundancia».

Predica siguiendo el ejemplo de los sermones extraordinarios de Jesús que traían respuesta de salvación y edificación: Por medio de historias y parábolas, usando la Escritura, aplicando el mensaje y significado a las personas necesitadas, motivándolas a recibirlas y desafiándolas a la acción.

Es un maestro

Explica el conocimiento de Cristo. En el sentido estricto puede ser predicador, pero también se le ha concedido el llamado de la enseñanza, él sabe que Cristo le ha dado el don para el servicio y ayuda de los otros, «a fin de perfeccionar a los santos para la obra del ministerio, para la edificación del cuerpo de Cristo» (Efesios 4:12, RV60). Así, en la medida que sigue avanzando en el conocimiento proclama, explica, enseña los contenidos de dicho conocimiento.

Es un testigo

Es un testigo del poder del Evangelio y del poder de nuestro Señor Jesucristo que han transformado su vida. Es un testimonio viviente que da evidencias a otros de todo lo que ha recibido de Dios en Cristo. Jesús les dijo a sus discípulos que fueran sus testigos de lo que habían visto, oído y palpado. Ese mismo encargo se lo dio a Pablo: «Pero levántate y ponte en pie, porque te he aparecido con el fin de designarte como ministro y testigo, no sólo de las cosas que has visto, sino también de aquellas en que me apareceré a ti» (Hechos 26:16, LBLA).

Es una atalaya

Es el papel que ha jugado el predicador a lo largo de la historia de la iglesia. Los pastores predicadores son llamados a vigilar para que los lobos no se coman a las ovejas. Están alerta contra el peligro de las herejías encubiertas, de las falsas doctrinas y las amenazas de los falsos maestros. Han dado la voz de alarma a la iglesia a tiempo y fuera de tiempo. El buen pastor y predicador cuida a sus ovejas.

Es un adorador

Exalta solamente la gloria de Dios. Cumple con la labor asignada pese a todas las dificultades. Todo lo que hace, comenzando con los actos cotidianos como comer y beber, estudiar, preparar el sermón, presentando su cuerpo en sacrificio vivo y agradable a Dios, hasta el acto supremo de la proclamación en la iglesia, está consciente que lo hace para adorar a Dios, sin perder de vista que es en beneficio de los hombres necesitados de salvación.

Pablo, en sus últimos meses de vida, el apóstol consagrado a Dios, dijo estas palabras a su discípulo Timoteo: «Palabra fiel y digna de ser recibida por todos: que Cristo Jesús vino al mundo para salvar a los pecadores, de los cuales yo soy el primero» (1 Timoteo 1:15, RV60). La predicación es también un acto de adoración.

Es un apologeta

Defiende la verdad del Evangelio. Calvino afirmó: «Si un perro ladra cuando su amo está en peligro, ¿no he yo de defender la verdad, cuando esta corre peligro?». Tener conocimiento de la verdad es importante, pero defenderla es necesario. Esta última debe llegar, si es necesario, a la confrontación respetuosa, pero firme, con seguridad y por amor a la verdad. Esto redundará en el progreso del evangelio, de la iglesia y de la predicación del evangelio.

El predicador es llamado para que defienda la fe «una vez dada a los santos». Si algunos predican por contienda, otros por envidia, no cabe duda de que hay otros que predican por intereses personales. El llamado del predicador es a combatir contra las ideas equivocadas, las malas enseñanzas, las herejías, no contra las personas que las profesan. Muchos ejemplos tenemos de predicadores que han peleado la buena batalla de la fe: Comenzando con nuestro Señor Jesucristo, Pablo, Pedro, Juan, Judas, Orígenes, Agustín de Hipona, Pedro Valdo, Huss, Lutero, Calvino, Zuinglio, Juan Bunyan, Barth, Robert Murray, Bonhoeffer, Spurgeon, Watchman Nee, Luther King, Jr., Pastor bautista, y otros predicadores que siguen contendiendo ardientemente por la fe.

CONCLUSIÓN

Al estar afectados por esta epidemia de sermones comunes, es conveniente preguntarnos ¿Por qué la iglesia primitiva pese a no tener una preparación de teología práctica científica fue efectiva en su predicación?

Y eso que la iglesia vivía su fe en medio del rechazo, la persecución y en perplejidad. Estaba cercada por la opresión, la persecución, la cárcel y el martirio. Los creyentes no tenían ningún asidero político, religioso, económico o militar para apoyarse. Todos los sistemas estaban en su contra. Pero se negaron a entrar por la puerta de las componendas y concesiones, aunque humanamente peleaban una batalla desde posiciones perdidas por anticipado. Entonces, ¿por qué la iglesia y sus predicadores triunfaron con su predicación? ¿Por qué la iglesia es tan efectiva en la misión y la evangelización? ¿Por qué logra un impacto tan profundo que en tan solo tres siglos se expande al mundo conocido de la época y conquista el Imperio Romano por medio de su predicación? ¿Por qué ocurre la gran transformación?

La respuesta parecerá simplona, pero no. Es un asunto de predicar el Evangelio que es poder de Dios para salvación y transformación. Los sermones de los primeros predicadores no los podían resistir los oponentes al escucharlos porque estaban cargados de autoridad, sabiduría, vehemencia, conocimiento, de tal manera que miles de personas creían y eran transformadas.

Ellos no estaban contagiados con la peste de la frialdad, la abstracción, el entretenimiento, lo no bíblico, ni el academicismo rancio, la religiosidad agria, el legalismo matón. Al contrario, predicaban el mensaje del Evangelio del Reino de Dios, llenos de gracia, fe, obediencia, amor. Y en su debilidad, confiaban plenamente en Dios, dependían totalmente de la gracia de Cristo, del poder del Espíritu. Eso marcó la diferencia. Sus sermones eran potentes y extraordinarios. ¿Cómo son los nuestros?

BIBLIOGRAFÍA

Anderson, Kenton, *Predicando con integridad*, Portavoz, Grand Rapids, Michigan 2009.

Arrastia, *Teoría y práctica de la predicación*, Caribe, Nashville 1993.

—, *La predicación, el predicador y la iglesia*, CELEP, San José 1983.

Barth, Karl, *La proclamación del evangelio*, Sígueme, Salamanca 1969.

Betancur, María, *Dichosos los que saben hablar. La exposición elocuente*, Editores Colombia, Bogotá 1999.

Blackwood, A. W., *La preparación de sermones bíblicos*, CBP, El Paso, Tx. 1976.

Blatner, Elsie; Walker, Luisa, *Bosquejos homiléticos*, Vida, Florida 1994.

Broadus, Juan, *Tratado sobre la predicación*, CBP, El Paso Tx. 1989.

Carnegie, Dale, *Cómo hablar bien en público e influir en los hombres de negocios*, Sudamericana, Buenos Aires 2003.

Costas, Orlando, *Comunicación por medio de la predicación*, Manual de Homilética, Caribe, Miami 1989.

Crane, James, *El sermón eficaz*, CBP, El Paso, Tx. 1991.

Frankl, Viktor, *El hombre en busca del sentido último, el análisis existencial y la conciencia espiritual del ser humano*, Paidós, Barcelona 1999.

Gálvez, Rigoberto, *Teología de la Comunicación, un acercamiento bíblico a los medios masivos de comunicación*, Clie, Barcelona 2001.

Garvie, Alfredo, *Historia de la predicación cristiana*, Clie, Barcelona 1987.

González, J.; Jiménez, Pablo, *Pulpito, An Introduction to Hispanic Preaching*, Abingdon Press Nashville, TN 2005.

Hybels, Bill; Briscoe, Stuart; Robinson, Haddon, *Predicando a personas del siglo XXI*, Clie, Barcelona 2008.

Hoff, P., *Se hizo hombre*, Vida, Florida 1989.

Jaramillo, L., *Un tal Jesús*, Vida, Florida 1998.

Kung, Hans, *La iglesia*, Herder, Barcelona 1975.

Lane, Denis, *Predica la Palabra*, Peregrino, C. Real, España 1989.

Liefeld, *Walter, Del texto al sermón, cómo predicar expositivamente*, Vida, Florida 1990.

MacArthur, John, *El redescubrimiento de la predicación expositiva, cómo balancear la ciencia y el arte de la exposición bíblica*, Caribe, Miami 1996.

Martínez, J., *Hermenéutica bíblica, cómo interpretar las Sagradas Escrituras*, Clie, Barcelona 1987.

Martínez, José, *Ministros de Jesucristo, ministerio y homilética*, Clie, Barcelona 1977.

Martín, Lutero, *Sermones, Predicador de Witteenberg* (versión castellana de Erich Sexauer), Editorial Concordia, Buenos Aires 2007.

Morgan, Campbell, *Preaching*, Baker, Michigan 1974.

Nelson, Stephen, *Planifique su predicación; cómo desarrollar un calendario de predicación por un año*, Portavoz, Michigan 2011.

Packer, J. J, *Keep in step with the Spirit*, IVP, 1984.

Spurgeon, Charles, *Un ministerio ideal* I. *El pastor y su persona*.

—, *Un ministerio ideal* II. *El pastor y su mensaje*, Romanyá, Barcelona 1993.

—, *Discursos a mis estudiantes*, CBP, El Paso, Tx. 1980.

Saint, Martha, *Cómo escribir y predicar con eficacia; el secreto del éxito en el púlpito y con la pluma*, Clie, Barcelona 1988.

Serrano, Guillermo, *La predicación, imagen de la Palabra*, México 2007.

Silva, Kittim, *Manual práctico de homilética, la tarea de la predicación*, Unilit, Miami 1995.

Stott, John, *El cuadro bíblico del predicador; cargos y títulos del predicador según el original griego de Nuevo Testamento*, Clie, Barcelona 1986.

—, *La predicación, puente entre dos mundos*, Desafío, Michigan 2006.

Terry, M. S., *Hermenéutica*, Clie, Barcelona 1990.

Thompson, Leslie, *El arte de ilustrar sermones*, Portavoz, Michigan 2001.

V. A., *Diccionario de teología práctica. Hermenéutica*, Desafío, Michigan 1992.

V. A., *Cómo preparar sermones dinámicos*, Logoi, Miami 1974.

Virkler H., *Hermenéutica, principios y procedimientos de interpretación bíblica*, Vida, Florida 1981.

White Douglas, *Predicación expositiva*, CBP, El Paso TX. 1993.

Witthauss, Carlos, *Martín Lutero, Intérprete Bíblico, Hermenéutica y Exégesis*, Concordia, Buenos Aires 2008.